OFCE

# L'économie française 2011



La Découverte
9 *bis*, rue Abel-Hovelacque
75013 Paris

**Observatoire français des conjonctures économiques (OFCE)**

L'**OFCE**, **O**bservatoire **F**rançais des **C**onjonctures **É**conomiques, a été créé en janvier 1981 au sein de la Fondation Nationale des Sciences Politiques, par une convention passée entre le Premier ministre et le président de la Fondation. Il a pour mission d'étudier les économies française et étrangères, leurs conjonctures et leurs structures et d'animer le débat public en économie.

Jean-Marcel Jeanneney fut le fondateur et premier président de l'OFCE (1981-1989). Jean-Paul Fitoussi préside l'OFCE depuis janvier 1990.

L'OFCE publie : la *Revue de l'OFCE*, la *Lettre de l'OFCE*, et également des livres.

Pour tous renseignements sur les publications de l'OFCE :

**Les Presses de Sciences Po** : 44, rue du Four 75006 Paris
Tél. : 01 44 39 39 60. Fax : 01 45 48 04 41. E-Mail : info@presses.sciences-po.fr
Site Internet : **www.sciences-po.fr/edition**
**OFCE** : 69, quai d'Orsay 75340 Paris cedex 07
Tél. : 01 44 18 54 00. Fax : 01 45 56 06 15.
E-Mail : ofce@ofce.sciences-po.fr Site Internet : **www.ofce.sciences-po.fr.**

**L'École normale supérieure** met en ligne, sur son portail des sciences économiques et sociales, le site compagnon de *L'Économie française*, disponible sur **http://ses.ens-lsh.fr/reperes OFCE**. Le lecteur peut y consulter des textes complémentaires à l'ouvrage, des tableaux de données et annexes statistiques, et les dossiers thématiques des éditions antérieures.

**S**i vous désirez être tenu régulièrement informé des parutions de la collection « Repères », il vous suffit de vous abonner gratuitement à notre lettre d'information mensuelle par courriel, à partir de notre site **http://www.collectionreperes.com**, où vous retrouverez l'ensemble de notre catalogue.

ISBN : 978-2-7071-6514-5

# Introduction

Nous sommes au cœur de la première grande crise de la mondialisation. Aucune zone n'a été épargnée et n'a échappé à une brutale et franche chute de son activité en 2009, la plus violente depuis les années 1930. Cette crise est intervenue au moment où la croissance française, dans le sillage de celle observée ailleurs en zone euro, reprenait des couleurs après être restée engluée dans une croissance médiocre à la suite du ralentissement marqué de l'économie mondiale en 2001 : l'ajustement nécessaire des bilans et des appareils de production des entreprises après l'euphorie de la fin des années 1990 a été d'autant plus laborieux qu'aucun instrument macroéconomique n'a été mobilisé pour maintenir la croissance à flot. L'appréciation de l'euro, inévitable sans politique de change, des politiques non coordonnées, voire non coopératives et une politique budgétaire corsetée n'ont évidemment rien arrangé au marasme de l'après-bulle Internet.

L'Union européenne apparaît aujourd'hui très faible, prisonnière de leaderships politiques myopes, fragmentée par les nombreuses politiques économiques choisies des vingt-sept États membres. La crise, en revanche, pourrait être l'occasion pour de nouvelles politiques communes sur la cohésion sociale, le secteur financier, la politique fiscale. La crise encore pourrait être l'occasion d'une réinvention de la politique qui prend acte de la limite de la centralité nationale en acceptant la perte du contrôle illusoire sur la société.

Y aurait-il une fatalité européenne rendant les phases de croissance toujours plus brèves et moins intenses en France et en Europe qu'aux États-Unis ? Ou alors, le chômage et la faible croissance ne sont-ils que les résultats de choix peu judicieux ?

L'examen de notre histoire macroéconomique récente fournit assurément quelques éléments de réponse aux questions sur la dynamique en cours. Cet ouvrage, dans une première partie, analyse l'économie française dans toutes ses composantes, en situant les années 2010 et 2011 dans les évolutions de longue période. La seconde partie propose des analyses plus approfondies de certains thèmes qui constituent des aspects majeurs des débats actuels. Quelles sont les stratégies budgétaires de sortie de crise ? Vers quel niveau de dette publique nous dirigeons-nous à l'horizon 2030 ? Comment se comporte le marché du travail au cours de cette crise ? Quel impact cette crise aura sur la pauvreté en France ? Quelles mesures doit-on prendre pour sauver notre système de retraite ?

*Éric Heyer**

* Éric Heyer a assuré la conception et la coordination de l'ouvrage.
Amel Falah et Claudine Houdin en ont assuré la réalisation.

PREMIÈRE PARTIE

# L'état de l'économie française

## I / Analyse historique et prospective

### 1. La situation conjoncturelle : en attendant la reprise

*Éric Heyer*

Le bilan de l'économie française en 2009 est en trompe-l'œil. L'année écoulée a été marquée par le retour précoce, dès le deuxième trimestre, de la croissance économique. Celle-ci s'est même accélérée en fin d'année (0,5 % au quatrième trimestre), résultat flatteur qui, couplé à l'apparition de signaux positifs, qu'ils soient externes (reprise du commerce mondial permettant un redressement de la demande étrangère adressée à la France) ou internes (reprise de l'emploi dans l'intérim, amélioration de la confiance des ménages et du moral des industriels, baisse du coût de financement de l'économie), pouvait laisser augurer une sortie de crise imminente et sans heurt de l'économie française.

Cette perspective n'a malheureusement pas été confirmée par les indicateurs publiés en ce début d'année 2010 : les dépenses de consommation des ménages en produits manufacturés, qui avaient résisté jusqu'alors, chutent sévèrement en janvier, février et avril 2010 (respectivement de - 2,4 %, - 1,6 % et - 1,2 %), la confiance des ménages se dégrade à nouveau (- 8 points entre mai et janvier) et l'inflation se redresse (1,7 % en avril contre 0,9 % en décembre) freinant les salaires en termes réels. Plus largement, les conditions d'une reprise durable — à savoir un redémarrage du crédit, suivi d'une reprise de l'investissement des agents privés et enfin d'une consommation des ménages soutenue par une hausse des revenus salariaux — ne semblent pas réunies. L'arrêt du stimulus budgétaire en 2010 et la mise en place d'une politique restrictive en 2011 pour satisfaire les règles budgétaires européennes finiront de retarder un peu plus la date de sortie de crise, moment à partir duquel l'économie française recommencera à créer des emplois en nombre suffisant pour permettre au chômage de refluer à nouveau.

## La plus grande crise de demande depuis les années 1930

Les bons chiffres de croissance observés dès le deuxième trimestre n'ont pas évité à l'économie française d'enregistrer en 2009 sa plus profonde récession depuis la Grande Dépression des années 1930 (tableau 1).

Tableau 1. **Les périodes de récession en France**
En %, moyenne annuelle

| | 1921 | 1927 | 1930 | 1931 | 1932 | 1934 | 1935 | 1938 | 1975 | 1993 | 2009 |
|---|---|---|---|---|---|---|---|---|---|---|---|
| PIB | – 4,4 | – 2,0 | – 2,6 | – 3,9 | – 8,8 | – 3,4 | – 2,5 | – 2,5 | – 1,0 | – 0,9 | – 2,5 |
| PIB par tête | – 5,0 | – 2,1 | – 3,5 | – 4,8 | – 8,8 | – 3,5 | – 2,5 | – 2,5 | – 1,4 | – 1,3 | – 3,0 |

*Sources* : INSEE, CEPII (Pierre Villa), calculs et prévisions OFCE.

Les effets de la crise financière sur l'économie réelle se sont brutalement matérialisés au quatrième trimestre 2008 avec un effondrement spectaculaire (- 6,7 %) de la production industrielle (IPI) et du PIB (- 1,7 %). Sur sa lancée de la fin 2008, l'économie française a continué de se contracter fortement au cours du premier trimestre 2009 (- 7,2 % pour l'IPI et - 1,4 % pour le PIB).

Toutefois, face à ce choc de demande mondiale de grande ampleur, la mise en place d'une action rapide et concertée des politiques économiques a permis d'éviter que se reproduise l'épisode de 1929. L'assouplissement monétaire sans précédent et l'important soutien budgétaire ont contribué à limiter l'effondrement de la dépense privée et ont permis à l'économie française de s'écarter de la dynamique observée quatre-vingts ans plus tôt et sur laquelle elle s'engageait, lui évitant alors de plonger dans une nouvelle Grande Dépression (graphique 1).

Mais ce sauvetage a un coût. La forte augmentation de la dette et du déficit des administrations publiques (APU) en est la traduction sur les finances publiques. En venant s'ajouter à la mécanique de la crise, la politique budgétaire expansionniste

Graphique 1. **Évolutions comparées du PIB par tête pendant les crises...**

Indice 100 en t

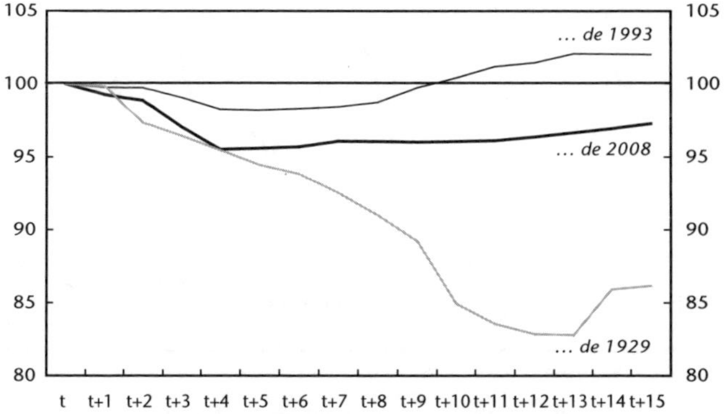


*Sources* : Comptabilité nationale, P. Villa, calculs et prévisions OFCE.

mise en place par l'État au cours des deux dernières années a substitué de la demande publique à de la demande privée défaillante et à engendré un accroissement de la dette et du déficit publics qui s'établissent à un niveau record (respectivement 77,4 % et 7,5 % du PIB en 2009).

Cette forte stimulation due aux politiques économiques a eu également comme conséquence de rendre plus difficile l'analyse de l'impact de cette crise sur le potentiel des économies développées pour les années à venir. Cette incertitude quant à la nouvelle trajectoire potentielle de l'économie peut rendre plus hypothétique le diagnostic conjoncturel et complexifie le choix de la politique de sortie de crise et du tempo de sa mise en place.

Pour autant, la violence du choc initial permet de lever toute ambiguïté dans le cas de la France : même à considérer que cette crise ait eu un impact puissant sur le potentiel de croissance de l'économie, cela ne permettrait toutefois pas d'annuler les surcapacités engendrées par celle-ci et accumulées depuis deux ans. Comme le suggère le graphique 2, l'écart de la production effective à son niveau potentiel reste, quel que soit le scénario de

Graphique 2. **Écart de production en France**
Écart en % entre la production effective et la production potentielle

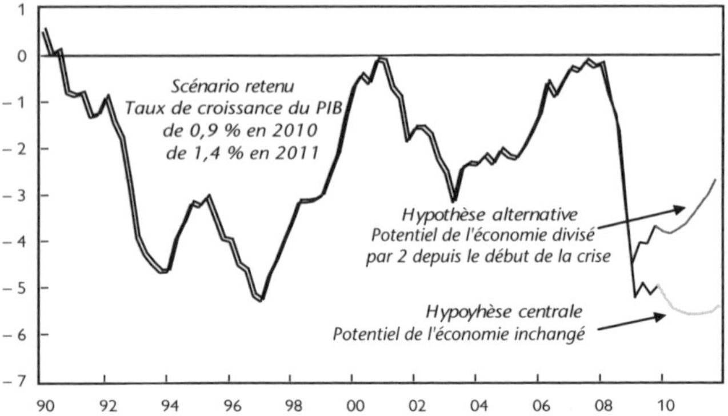


*Sources* : INSEE, comptes trimestriels, OFCE, e-mod.fr de 2010 à 2011.

croissance potentielle retenu, fortement négatif, caractérisant une situation de demande agrégée insuffisante et de capacités de production excédentaires (graphique 2).

## La situation actuelle écarte tout enclenchement immédiat d'un enchaînement vertueux et autonome de la croissance

L'analyse des crises précédentes nous enseigne que la sortie de crise associée à un choc financier et immobilier commun à un grand nombre de pays développés est lente et de faible ampleur [OCDE, 2009]. Avec l'arrêt programmé des mesures du plan de relance qui ont soutenu l'économie française en 2009, cette dernière devrait trouver un second souffle pour éviter une rechute dès 2010. Or l'enclenchement d'un enchaînement vertueux permettant à l'économie de croître sans perfusion semble prématuré.

## Pas de redémarrage du crédit ...

Point de départ à toute reprise de l'activité au cours des vingt dernières années, le redémarrage du crédit ne devrait pas constituer en 2010 le relais efficace pour pérenniser la croissance. Du côté de l'offre, le ralentissement du revenu des ménages induit par l'explosion du chômage, cumulée à une forte dégradation du bilan des entreprises, fait peser un aléa supplémentaire sur le risque de défaut des agents privés et renforce les banques dans leur stratégie de limitation de prise de risque. Cette stratégie adoptée dans un contexte de dégradation des profits et de surplus record de capacités de production, devrait inciter ces dernières à se désendetter.

### ... et une poursuite du désendettement des agents privés

Le surplus de capacités de production, illustré par le niveau historiquement bas des taux d'utilisation des capacités de production (TUC), se traduira par un report ou une annulation massive des projets d'investissement (graphique 3). La formation brute de capital fixe (FBCF) des sociétés non financières (SNF), qui a baissé de - 7,9 % en 2009, devrait poursuivre sa correction au cours des années 2010 et 2011 (respectivement de - 5,4 % et - 0,9 % en moyenne annuelle). Le taux d'investissement devrait s'établir à 16,8 % fin 2011, niveau inférieur à celui qui prévalait à la suite de l'éclatement de la bulle Internet au début des années 2000 (17,3 %) mais toujours supérieur aux niveaux observés au cours des années 1993 et 1997 (respectivement 16,6 % et 16,3 %). Cette baisse de l'investissement, corollaire du désendettement, permettra une remontée du taux d'autofinancement des entreprises de près de 20 points au cours de la période 2008-2011. En revanche, celle-ci ne permettra toujours pas d'absorber l'intégralité du surplus des capacités de production sauf à supposer une forte augmentation du taux de déclassement liée à la hausse des défaillances d'entreprises au cours de la crise.

Le crédit sera également freiné par les pertes de patrimoine immobilier et financier enregistrées par les ménages au cours des deux dernières années. Le retournement simultané des marchés financier et immobilier a eu un impact direct sur la richesse nette des ménages. Alors que cette dernière n'a cessé de progresser au cours des dix dernières années, sous l'effet conjugué de la hausse des marchés financiers et surtout des prix de l'immobilier, atteignant près de 10 fois le revenu disponible brut

Graphique 3. **Taux d'investissement * et taux d'utilisation des capacités de production des SNF**

En %

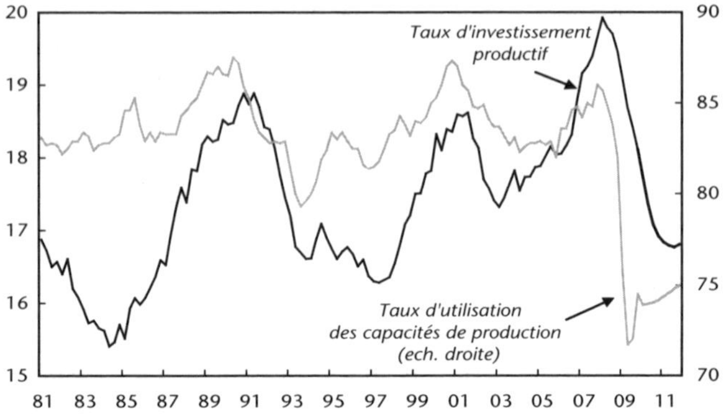


* Investissement des SNF / Valeur ajoutée des SNF.

*Sources* : INSEE, comptes trimestriels, OFCE, e-mod.fr de 2010 à 2011.

(RdB) en 2007, la perte de richesse nette enregistrée en 2008 et 2009 se poursuivra en 2010 et aura une incidence sur leur potentiel et leur velléité d'endettement. L'investissement des ménages continuerait de s'ajuster en 2010 (- 5,7 % en 2010 après - 8,7 % en 2009).

## Une consommation moins dynamique dans les trimestres à venir...

En 2009, le recul de l'inflation et les effets du plan de relance — notamment de la prime à la casse — ont permis à la consommation des ménages de résister et de contribuer positivement à la croissance (0,8 point en moyenne annuelle). Or ces deux facteurs vont aller en s'amenuisant au cours des deux prochaines années.

C'est le cas notamment de la prime à la casse mise en place depuis le début de l'année 2009 qui a permis de soutenir le marché automobile français et par là même la consommation des ménages. La suppression progressive du dispositif en 2010 évitera probablement les fortes baisses des ventes survenues au moment de l'arrêt de la « Balladurette » (– 22 % au troisième trimestre 1995) et de la « Juppette » (– 25 % au quatrième trimestre 1996). Mais un retour en arrière est tout de même à attendre, indépendamment de l'échéance des dispositifs. Cette mesure ayant permis à de nombreux ménages de profiter d'un effet d'aubaine et d'anticiper leur projet d'achat, son impact s'épuisera de lui-même.

### … pénalisée par un rebond temporaire de l'inflation…

Le mouvement de désinflation enclenché mi-2008 a eu une contribution positive mécanique au pouvoir d'achat des salaires. Cette désinflation liée au contre-choc pétrolier et à une évolution des prix des produits alimentaires rejoignant progressivement un rythme plus conforme aux évolutions de long terme, n'était que temporaire et s'est arrêtée au cours du quatrième trimestre 2009 sous l'influence de la remontée des prix énergétiques et alimentaires.

En 2010, les perspectives de reprise, même modérée, de l'économie mondiale entraînent un regain de tensions sur les marchés des matières premières. En s'établissant à 80 dollars le baril à la fin 2010, puis à 100 à la fin 2011, contre 75 en moyenne au quatrième trimestre 2009, le pétrole contribuera à nouveau positivement à l'évolution de l'indice des prix. Bien que moins marquée, la reprise de la hausse des prix alimentaires s'ajoutera à celle des prix de l'énergie. L'inflation rebondirait, désactivant alors le principal soutien du pouvoir d'achat des ménages en 2009. En moyenne annuelle, l'inflation devrait s'établir à 1,2 % en 2010 contre 0,1 % en 2009 et 2,8 % en 2008 (tableau 5). Cette reprise de l'inflation ne sera que temporaire, puisqu'elle devrait à nouveau refluer sous l'effet du maintien de conditions très dégradées sur le marché du travail à l'horizon de la prévision, de 1,2 % en 2010 à 0,7 % en 2011.

### … et d'un marché du travail qui continue de se dégrader

Sur le marché du travail, dans la foulée du quatrième trimestre 2008, les pertes d'emplois dans le secteur marchand se sont accentuées en 2009 (– 426 000) en lien avec la forte contraction de l'activité. D'ici à la fin de l'année 2011, nous envisageons la poursuite des destructions d'emplois à un rythme de près de 230 000 dans le secteur marchand (tableau 2).

Tableau 2. **Évolution du marché du travail en France**
Variations annuelles, en fin d'année (en milliers)

| | 2006 | 2007 | 2008 | 2009 | 2010 | 2011 |
|---|---|---|---|---|---|---|
| **Population active observée** | 138 | 99 | 76 | 223 | 7 | 58 |
| **Emploi total** | 295 | 331 | – 28 | – 302 | – 244 | 34 |
| – Emplois marchands | 201 | 257 | – 91 | – 426 | – 248 | 14 |
| – Emplois aidés non marchands | 38 | – 24 | – 77 | 38 | – 16 | 0 |
| – Autres emplois non marchands | 56 | 98 | 140 | 86 | 20 | 20 |
| **Chômage** | – 157 | – 232 | 104 | 525 | 251 | 24 |

*Sources* : INSEE ; prévisions OFCE 2009 et 2010, e-mod.fr.

Dans ce contexte de forte dégradation du marché du travail, la politique de l'emploi, par l'intermédiaire du traitement social, ne jouera pas son rôle de « stabilisateur » du chômage. Après avoir amplifié la hausse du chômage en 2008, les nouveaux emplois aidés dans le secteur non marchand permettront tout juste de revenir au niveau observé en milieu d'année 2008, représentant une baisse des effectifs de 85 000 par rapport à son niveau de 2007 alors que dans le même temps le chômage aura augmenté de près de 800 000 (graphique 4).

Le recul conjoncturel de la population active sera finalement le principal amortisseur du chômage. Alors que celle-ci progressait de 125 000 en moyenne chaque année depuis quatre ans, son augmentation sera quatre fois moins importante pour les deux prochaines années, se limitant à 32 000 en moyenne. Cela ne sera toutefois pas suffisant pour empêcher une hausse du chômage de 275 000 en deux ans (2010-2011), portant à plus de 900 000 le nombre de chômeurs supplémentaires depuis le début de la crise, soit la plus forte progression observée au cours des vingt-cinq dernières années.

Le taux de chômage poursuivra sa hausse entamée au cours du deuxième trimestre 2008 et atteindra 10,1 % fin 2010 et 10,6 % fin 2011, contre 9,1 % fin 2009.

Le retournement constaté sur les marchés financier et immobilier a également impacté significativement la richesse nette des ménages en 2009. Celle-ci à baissé de près de 80 points

Graphique 4. **Emplois aidés dans le secteur non marchand et chômage**

En milliers

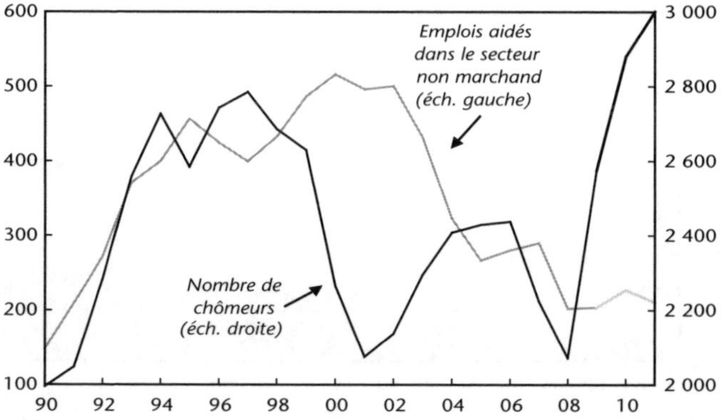


*Sources* : INSEE.

de revenu disponible brut (RdB) depuis le début de la crise. Cela s'explique à 80 % par une destruction de la richesse immobilière (62 points de RdB). Nous excluons tout retour au niveau antérieur à l'horizon de notre prévision, nous envisageons de plus une poursuite de cette correction — de près de 25 points de RdB — de la richesse nette des ménages en 2010 et 2011 (graphique 5) qui passerait de 7,7 fois le montant du RdB en 2007 à 6,6 fois en 2011. Cette forte destruction de valeur du patrimoine des ménages aura une incidence sur leur comportement d'épargne et les incitera à poursuivre leur désendettement.

L'effet de richesse négatif et surtout l'épargne de précaution résultant de l'explosion du chômage ont engendré une forte hausse du taux d'épargne en 2009 qui efface en l'espace d'une année la baisse enregistrée entre 2002 et 2008. En 2010, cette tendance devrait se poursuivre (tableau 3). Le taux d'épargne devrait dépasser son niveau de 2001 à l'horizon de notre prévision : il s'établirait alors à 16,6 %, niveau très significativement supérieur à celui des vingt dernières années (15,0 %). Selon ces hypothèses, la consommation des ménages ne devrait donc pas être un soutien vigoureux de l'activité au cours des

Graphique 5. **Évolution de la richesse nette des ménages**
En % du RdB

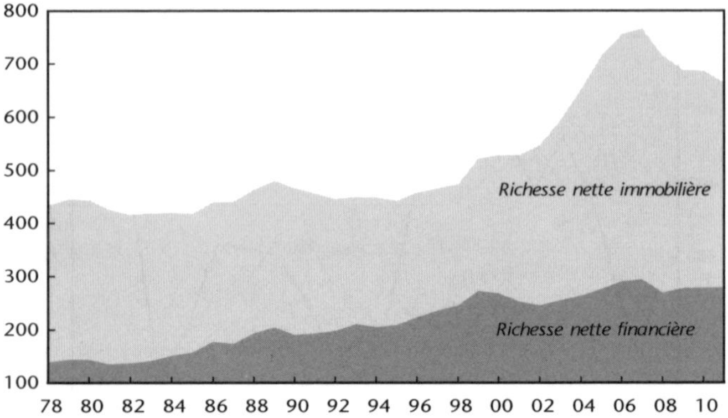


*Sources* : Comptes nationaux, calculs OFCE.

prochains trimestres. La croissance de la consommation atteindrait 0,9 % en 2010 et 1,5 % en 2011 après 0,7 % en 2008, rythme peu soutenu et très inférieur à celui observé entre 1998 et 2000 (3,4 % l'an) et au cours des dix dernières années (2,6 % l'an).

## La contribution extérieure sera moins favorable

En contribuant pour 0,9 point à la croissance au deuxième trimestre 2009 et pour 0,4 point au troisième trimestre, les échanges extérieurs ont été le principal moteur de la sortie de récession de l'économie française. Cette dernière a même enregistré 2,9 points de gains de parts de marché, phénomène qui n'avait plus été observé depuis 2001. Ces bons résultats ont été obtenus grâce aux ventes d'automobiles, notamment en Allemagne, en Italie et en Espagne, pays qui ont mis en place une prime à la casse. Forts de leurs petits modèles à faible consommation, les constructeurs français en ont largement profité. Avec l'arrêt de ces programmes, effectif ou programmé, les exportations perdent un soutien de poids, qui apparaît déjà dans les chiffres du quatrième trimestre 2009.

Tableau 3. **Les déterminants des variations du taux d'épargne en France**
En points

| | 2002-2008 | 2009 [1] | 2010 [1] | 2011 [1] |
|---|---|---|---|---|
| | **– 1,5** | **1,1** | **0,2** | **0,0** |
| Écart critique (g – r) [2] | 0,1 | 0,1 | 0,0 | – 0,1 |
| Effet richesse immobilière | – 1,6 | 0,3 | 0,1 | 0,0 |
| Variation du chômage | – 0,1 | 0,7 | 0,1 | 0,1 |
| Mesures Sarkozy | – 0,1 | - | - | |
| Réforme fiscale | 0,3 | - | - | |

1. Prévisions OFCE.
2. L'écart critique est la différence entre le taux de croissance du revenu des ménages (g) et le taux d'intérêt à long terme (r).

*Sources :* Calculs OFCE, e-mod.fr

En 2010, stimulés à nouveau par la demande mondiale, mais privés des mesures de soutien à l'automobile et compte tenu d'une reprise tardive du cycle d'investissement mondial, les taux de croissance des exportations seraient donc inférieurs à ceux de la demande adressée sur les trois premiers trimestres de l'année 2010, effaçant les gains de parts de marché observés en début d'année 2009. En 2011, la question de la compétitivité des exportations retrouvera une place centrale dans le diagnostic conjoncturel. Nous anticipons une baisse progressive de la monnaie unique européenne vers 1,30 dollar. Si ce mouvement est insuffisant pour permettre une reprise des gains de parts de marché, il peut contribuer néanmoins à mettre fin à la baisse observée depuis 2002. En moyenne annuelle, les exportations et les importations progresseront de respectivement 3,7 % et 4,4 % en 2010 et de 5,8 % et 5,1 % en 2011.

## Les politiques économiques seront moins accommodantes

S'il est probable, comme nous l'envisageons dans notre scénario, que la politique de taux de la BCE demeure accommodante tant que la solidité de la reprise économique en Europe n'est pas assurée, l'impulsion budgétaire fortement expansionniste en 2009 (1,8 point de PIB) ferait quant à elle place à une impulsion négative en 2010 et 2011 (respectivement - 0,3 point et - 0,8 point de PIB).

Ce changement d'orientation de la politique budgétaire se déroulera dans des conditions qui restent identiques à celles qui prévalaient lors de la mise en place du plan de relance (graphique 2) et qui en a assuré l'efficacité. En 2010 et 2011, le multiplicateur keynésien restera positif et gardera une valeur élevée. Et donc de manière symétrique à ce qui a prévalu pour le plan de relance, le resserrement de la politique budgétaire amputera immédiatement la croissance, infléchira les anticipations de croissance future, ce qui pèsera en retour sur les perspectives des finances publiques, annulant en partie l'effet bénéfique initial.

Le déficit des administrations publiques devrait s'établir respectivement à 8,0 % du PIB et 7,2 % en 2010 et 2011 après 7,5 % en 2009, portant la dette publique à 83,7 % du PIB en 2010 et 88,9 % en 2011 contre en 77,4 % en 2009 (tableau 4).

Tableau 4. **Résumé de la prévision pour 2009 et 2010**
En %, moyenne annuelle

| | 2007 | 2008 | 2009 | 2010 | 2011 |
|---|---|---|---|---|---|
| **Taux de croissance du PIB** | **2,3** | **0,1** | **– 2,5** | **0,9** | **1,4** |
| Importations | 5,7 | 0,3 | – 10,6 | 4,4 | 5,1 |
| Consommation des ménages | 2,5 | 0,5 | 0,7 | 0,9 | 1,5 |
| Consommation des administrations | 1,2 | 0,9 | 2,7 | 1,3 | 0,9 |
| Investissement total | 6,0 | 0,5 | – 7,0 | – 4,9 | 0,3 |
| Exportations | 2,5 | – 0,8 | – 12,2 | 3,7 | 5,8 |
| *Contribution à la croissance* | | | | | |
| Demande intérieure hors stocks | 3,0 | 0,7 | – 0,5 | – 0,1 | 1,2 |
| Variations de stocks | 0,2 | – 0,2 | – 1,8 | 1,3 | 0,2 |
| Solde extérieur | – 0,9 | – 0,4 | – 0,2 | – 0,3 | 0,0 |
| **Taux de croissance du PIB de la zone euro** | **2,8** | **0,5** | **– 4,0** | **0,9** | **1,6** |
| *Autres indicateurs* | | | | | |
| Inflation (IPC) | 1,5 | 2,8 | 0,1 | 1,2 | 0,7 |
| Taux d'épargne (en % du RdB) | 15,8 | 15,6 | 16,4 | 16,6 | 16,6 |
| Taux de chômage | 8,0 | 7,4 | 9,1 | 10,1 | 10,6 |
| Solde public (en point de PIB) | – 2,7 | – 3,4 | – 7,5 | – 8,0 | – 7,2 |

*Sources :* INSEE, comptes trimestriels ; OFCE, prévision *e-mod.fr* pour 2010 et 2011.

Au total, au cours de l'année 2010, l'activité devrait croître de nouveau, soutenue principalement par la reconstitution des stocks des entreprises. Mais, au-delà de cette parenthèse technique, de nombreuses incertitudes demeurent, sans espoir de relais par la demande. Le rythme d'activité sera de 0,9 % en moyenne annuelle, rythme trop faible pour pouvoir parler de reprise. S'établissant à un niveau inférieur à son potentiel (1,6 %), la croissance attendue non seulement ne permettra pas à l'économie française de combler le retard de production accumulé depuis 2008, mais au contraire l'accentuera à l'horizon 2010 (graphique 2). En 2011, la politique budgétaire restrictive empêchera le PIB de croître à un rythme supérieur à son potentiel. En progressant de 1,4 % en moyenne annuelle en 2011, le PIB de la France retrouverait à cette date son niveau de 2007 (tableau 5).

Tableau 5. **Croissance comparée dans les différents pays**
En %

| | Fr. | All. | It. | Esp. | R.-U. | E.-U. | Jap. | Moyenne[1] |
|---|---|---|---|---|---|---|---|---|
| **Taux de croissance du PIB** | | | | | | | | |
| 2008 | 0,1 | 1,0 | – 1,0 | 0,9 | 0,5 | 0,4 | – 1,2 | 0,1 |
| 2009 | – 2,5 | – 4,9 | – 4,9 | – 3,6 | – 5,0 | – 2,4 | – 5,2 | – 4,2 |
| 2010[1] | 0,9 | 1,8 | 0,7 | – 0,9 | 0,7 | 2,5 | 2,2 | 1,3 |
| 2011[1] | 1,4 | 1,7 | 1,1 | 1,6 | 1,6 | 2,0 | 1,6 | 1,6 |
| **Taux de croissance du PIB hors impulsion budgétaire** | | | | | | | | |
| 2008 | – 0,1 | 1,2 | – 1,2 | – 0,1 | – 1,2 | – 1,7 | – 0,5 | – 0,6 |
| 2009 | – 4,3 | – 6,6 | – 5,4 | – 5,4 | – 7,1 | – 4,2 | – 8,1 | – 6,1 |
| 2010[1] | 1,2 | 0,7 | 1,5 | 1,1 | 1,4 | 2,0 | 0,1 | 1,2 |
| 2011[1] | 2,3 | 2,5 | 1,9 | 3,1 | 3,6 | 3,7 | 2,3 | 2,9 |
| **Taux de croissance de la population** | | | | | | | | |
| 2008 | 0,5 | – 0,2 | 0,8 | 1,7 | 0,6 | 0,9 | – 0,1 | 0,6 |
| 2009 | 0,5 | – 0,3 | 0,7 | 1,1 | 0,5 | 0,9 | – 0,1 | 0,5 |
| 2010[1] | 0,5 | – 0,3 | 0,6 | 0,7 | 0,4 | 0,9 | – 0,1 | 0,5 |
| 2011[1] | 0,5 | – 0,3 | 0,6 | 0,7 | 0,4 | 0,9 | – 0,1 | 0,5 |
| **Croissance cumulée du PIB depuis le début de la crise (2007-2009)...** | | | | | | | | |
| ... total | – 2,4 | – 4,0 | – 5,8 | – 2,8 | – 4,4 | – 2,0 | – 6,3 | – 4,2 |
| ... hors IB[3] | – 4,4 | – 5,5 | – 6,5 | – 5,6 | – 8,1 | – 5,8 | – 8,5 | – 6,8 |
| ... par tête | – 3,4 | – 3,6 | – 7,3 | – 5,8 | – 5,6 | – 3,8 | – 6,2 | – 5,3 |
| ... par tête hors IB[3] | – 5,4 | – 5,1 | – 8,0 | – 8,5 | – 9,3 | – 7,5 | – 8,4 | – 7,8 |
| **Croissance cumulée du PIB au cours de la crise (2007-2011)...** | | | | | | | | |
| ... total | 0,0 | – 0,6 | – 4,1 | – 2,2 | – 2,2 | 2,5 | – 2,8 | – 1,4 |
| ... hors IB[3] | – 0,9 | – 2,5 | – 3,3 | –1,6 | – 3,5 | – 0,4 | – 6,3 | – 2,9 |
| ... par tête | – 2,2 | – 0,2 | – 6,4 | – 7,8 | – 4,5 | – 1,1 | – 2,4 | – 3,5 |
| ... par tête hors IB[3] | – 3,1 | – 2,0 | – 5,6 | – 7,2 | – 5,7 | – 3,8 | – 6,0 | – 5,0 |

1. Moyenne pondérée des six principaux partenaires de la France.
2. Prévisions OFCE.
3. Impulsion budgétaire.

*Sources* : Eurostat, OCDE, comptes nationaux, calculs et prévisions OFCE.

## Une meilleure performance relative de la France au cours de cette crise

Le rythme de sortie de crise de l'économie française inscrit dans nos prévisions à l'horizon 2011 est inférieur à celui envisagé pour ses principaux partenaires (tableaux 4 et 5). Cela s'explique en partie par une orientation différente de la politique budgétaire au cours des deux prochaines années : alors que celle-ci devrait être assez fortement restrictive en France (– 1,1 point de PIB), elle soutiendrait, en revanche, la croissance allemande (0,4 point de PIB). En neutralisant cet effet, la reprise envisagée pour l'économie française serait spontanément supérieure à celle de l'économie allemande (tableau 5).

Une deuxième explication réside dans le fait que, depuis le début de la crise, l'économie française a mieux résisté que ses principaux partenaires.

Les raisons de cette meilleure résistance sont maintenant bien connues et ont été largement commentées dans nos publications antérieures : elles ont trait à une moindre exposition extérieure, à des stabilisateurs automatiques plus développés, à des agents privés moins endettés, à des effets de richesses financière et immobilière moins négatifs ainsi qu'à un marché du travail plus protecteur que dans les autres grands pays.

Ainsi, alors que la richesse par tête en parité de pouvoir d'achat a baissé de 3,4 % en France en deux ans, celle-ci a connu une chute de plus de 5,3 % en moyenne dans les autres grands pays. Le rebond plus important inscrit dans nos prévisions pour les autres grands pays permet de réduire quelque peu l'écart avec la France même si, au total depuis le début de la crise, cette dernière aura mieux résisté que la plupart d'entre eux (– 2,2 % pour la France contre – 3,5 % en moyenne chez les principaux partenaires).

### Repères bibliographiques

CHAUVIN V. *et al.*, « Évaluation du plan de relance de l'économie française », *Document de travail de l'OFCE*, n° 2004-04, mai 2004.

HEYER E. et TIMBEAU X., « Immobilier et politique monétaire », *Revue de l'OFCE*, n° 96, janvier 2006.

OCDE, « From recession to recovery : how soon and how strong ? », *World Economic Outlook*, avril 2009.

OFCE, « Perspectives 2009-2010 », *Revue de l'OFCE*, n° 111, octobre 2009.

OFCE, « Perspectives 2010-2011 », *Revue de l'OFCE*, n° 113, avril 2010.

## 2. L'économie française depuis un demi-siècle

*Éric Heyer et Xavier Timbeau*

« En matière de lutte contre le chômage, tout a été essayé et tout a échoué », affirmait François Mitterrand pour décrire l'impuissance des politiques économiques et la fatalité du chômage en France : celui-ci augmentait fortement dans les périodes de récession et diminuait très légèrement lorsque l'économie repartait. En fin de cycle, il s'établissait à un niveau systématiquement supérieur à celui enregistré à l'issue du cycle précédent.

Dix ans plus tard, au début des années 2000 et après quatre années de baisse consécutive du chômage, l'espoir renaissait : le plein-emploi était envisagé par un grand nombre d'économistes comme possible à l'horizon 2010. Cette « société du plein-emploi » serait atteinte grâce aux évolutions démographiques « favorables » mais surtout subordonnée à la mise en œuvre de conditions de croissance durable et soutenue de l'économie, croissance qui serait de nouveau créatrice d'emplois. Mais la croissance s'est interrompue en 2002, et le chômage est reparti à la hausse, reportant à d'autres jours la perspective du plein-emploi.

Depuis plus de vingt ans, la France comme l'Europe sont victimes d'un mal bien particulier. Les aléas de la conjoncture frappent la France comme ils touchent les États-Unis, mais les phases de baisse du chômage sont toujours plus brèves et moins intenses que celles où il augmente. La croissance est à l'avenant, toujours plus décevante en France et en Europe qu'aux États-Unis. Y a-t-il là une fatalité européenne ? La protection des salariés est-elle devenue si excessive qu'elle compromet le fonctionnement efficace de l'économie de marché ? Le modèle social européen est-il incompatible avec la mondialisation ? Ou le chômage et la faible croissance ne sont que les résultats de choix peu judicieux de politique économique ? L'examen de notre histoire macroéconomique récente fournit assurément quelques clefs.

## 1945-1973 : des Trente Glorieuses à la montée du chômage

Après la Seconde Guerre mondiale, le monde occidental connaît une phase de croissance forte et prolongée (tableau 1). Le modèle de production fordiste se généralise à l'ensemble de l'industrie. La production de masse, les innovations technologiques impulsent la productivité du travail.

Tableau 1. **Croissance du PIB et de la productivité du travail**
En % par an

| | 1950-1973 | 1973-1979 | 1979-1990 | 1990-1997 | 1997-2000 |
|---|---|---|---|---|---|
| **PIB** | | | | | |
| France | 5,0 | 2,8 | 2,5 | 1,3 | 3,6 |
| UE 15 | 4,8 | 2,4 | 2,3 | 1,7 | 3,1 |
| États-Unis | 3,6 | 2,6 | 3,0 | 2,9 | 4,1 |
| **Productivité par tête** | | | | | |
| France | 5,0 | 2,6 | 2,1 | 1,3 | 1,4 |
| UE 15 | 4,5 | 2,7 | 1,9 | 0,9 | 1,1 |
| États-Unis | 2,5 | 0,7 | 1,1 | 1,4 | 2,9 |

*Sources* : OCDE MEI, Maddison (1994).

L'Europe et la France profitent de cette vague d'innovations à laquelle se rajoutent deux phénomènes spécifiques : la reconstruction, suite aux dommages de la guerre sur les biens productifs ou résidentiels, et le rattrapage technologique sur les États-Unis. Ce double effort d'investissement en capital et en technologie engendre une croissance de la productivité du travail de l'ordre de 5 % par an. À ce rythme, la production par individu double tous les quatorze ans.

### Les chocs pétroliers, le ralentissement de la productivité

La fin du système monétaire de Bretton Woods (1971) et le premier choc pétrolier suite au conflit israélo-arabe (1973) marquent la fin de cette expansion. Les tensions apparues à la fin des années 1960 ont nourri l'inflation (autour de 6 % en France et en Europe en 1968, 4 % aux États-Unis) et ont rendu nécessaire l'abandon de la convertibilité du dollar. La fin du système monétaire de Bretton Woods a été provoquée par une situation économique devenue ingérable.

L'année 1975 est marquée par une récession mondiale. En moyenne de 1973 à 1979, la croissance retombe à un rythme nettement inférieur à 3 % l'an. L'inflation atteint des rythmes à deux chiffres. Face à la coexistence d'une forte inflation et d'une croissance faible, les politiques économiques peinent à trouver une voie et paraissent impuissantes. L'Europe connaît de grands désordres monétaires et le taux de chômage augmente de pratiquement 5 points en l'espace d'une décennie. Dans les années 1960, il fluctuait autour de 3 % ; il atteint plus de 8 % en 1983.

La fin des Trente Glorieuses se traduit aussi par un très net ralentissement de la croissance de la productivité. En France, la croissance de la productivité du travail est divisée par deux au cours des années 1970 et passe d'un rythme de 5 % l'an à un rythme de 2,6 %. La crise que traversent les économies développées est profonde et le modèle de développement touché dans son cœur.

La trajectoire française est liée à celle de l'Europe que ce soit en termes de croissance du PIB, d'inflation ou de chômage. L'ébauche de l'union monétaire, avec le « serpent monétaire » créé en 1972, puis le « système monétaire européen » entérinent et renforcent la liaison des conjonctures européennes.

À plusieurs reprises, des écarts apparaissent entre le chômage français et le chômage européen. Ainsi, de 1977 à 1981, la stratégie de politique économique de la France abandonne explicitement l'objectif de plein-emploi. Le gouvernement Barre (1976) lutte activement contre l'inflation. Le résultat en est une augmentation plus forte du chômage que la moyenne des pays européens, avec une performance relative en matière d'inflation médiocre, mais un meilleur contrôle des déficits publics. En 1979, le deuxième choc pétrolier frappe à nouveau l'économie mondiale et relance l'inflation.

Graphique 1. **Chômage en France, aux États-Unis et dans la zone euro**
En %

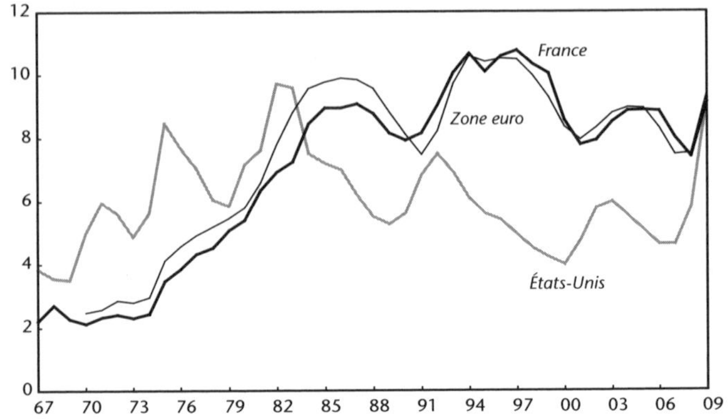


*Note* : Taux de chômage au sens du BIT.

*Source* : OCDE MEI.

En 1981, les Français élisent François Mitterrand comme président. De grands espoirs sont placés dans une politique de relance vigoureuse de l'activité. L'impact sur le chômage est suffisant pour que la France passe en dessous de la moyenne européenne (graphique 1). Mais cette relance isolée, alors que tous les autres pays menaient des politiques restrictives, a buté sur la contrainte extérieure, c'est-à-dire le creusement des déficits commerciaux (graphique 2) et des paiements courants, obligeant la France à fermer cette parenthèse avec le retour de la rigueur. En 1983, le second gouvernement Mauroy adopta une stratégie de désinflation compétitive afin de restaurer la rentabilité des entreprises et d'accentuer le freinage de la demande interne.

## La construction européenne, l'inflation vaincue

Les situations économiques américaine et européenne s'écartent singulièrement dès le début des années 1980. Les politiques économiques connaissent des orientations divergentes.

Graphique 2. **Balance courante en France et aux États-Unis**
En % du PIB

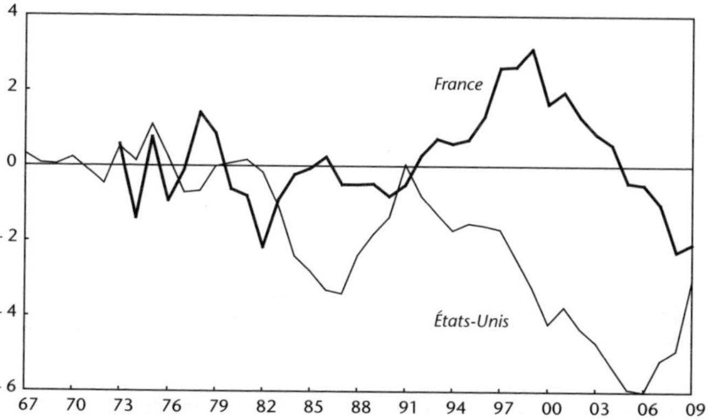


*Source* : OCDE.

L'inflation aux États-Unis s'assagit plus tôt qu'en Europe, sous l'impulsion d'une politique monétaire affranchie des contraintes extérieures. La croissance peut alors reprendre durant la seconde moitié des années 1980 aux États-Unis et le chômage baisse. Le policy-mix des « reaganomics » réussit beaucoup mieux que les politiques non coordonnées qui sont menées en Europe.

Le retour de la croissance est plus tardif en Europe, enclenché par le contre-choc pétrolier de 1986. Mais l'écart de chômage avec les États-Unis est creusé. En France, le gouvernement engage une politique de lutte contre l'inflation, la désinflation compétitive, à partir de 1983. Elle consiste à rompre l'indexation des salaires sur les prix, à ancrer le franc sur le deutche Mark (le franc fort) et à libéraliser l'économie (par les privatisations et la déréglementation).

Menée avec constance, malgré deux alternances politiques, sous quatre ministres des Finances différents, cette stratégie de désinflation compétitive a, dix ans plus tard, fait de la France le pays européen qui respecte le mieux les grands équilibres nominaux et celui dont la stabilité monétaire est la mieux assurée.

Graphique 3. **Inflation en France, aux États-Unis et dans la zone euro**
En glissement annuel, moyenne mobile d'ordre 4

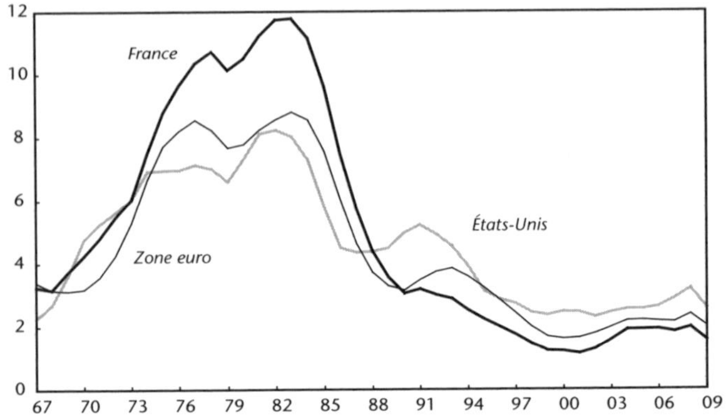


*Sources* : OCDE, MEI.

Le taux de croissance de l'indice des prix à la consommation tombe de 13,5 % en 1981 à environ 3 % à partir de 1986. Certes, des circonstances internationales — contre-choc pétrolier, baisse prononcée du dollar — étaient favorables à partir de 1985, mais la performance relative au sein de l'Union européenne est éloquente (graphique 3). Les efforts passés de baisse de coûts (les salaires réels évoluaient moins vite que la productivité du travail) avaient amélioré la compétitivité, alors que la demande interne restait encore relativement dynamique.

Par ailleurs, l'assainissement des finances publiques, souvent présenté comme la condition nécessaire de la désinflation, a été mené à bien au cours de cette période où le déficit des administrations publiques est plus faible que celui enregistré aux États-Unis ou en moyenne dans l'ensemble des pays européens (graphique 4). La demande des administrations a donc pu s'accroître tandis que celle des ménages était portée par des hausses de salaires réels qui, sans être élevées, restaient significatives. Les effets décalés du contre-choc pétrolier de 1985-1986 ont amplifié la reprise qui débuta à la mi-1987 et prit fin au début de 1990. La croissance moyenne a presque atteint 4 % en Europe et l'a dépassé en France (4,3 % en 1988 et 1989).

Graphique 4. **Solde public en France, aux États-Unis et dans la zone euro**
En % du PIB

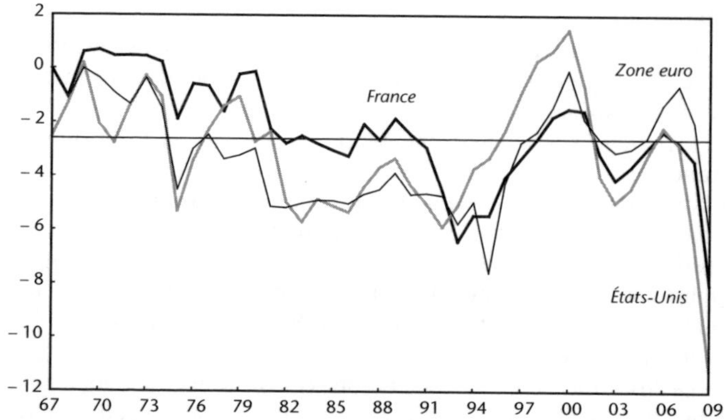


*Sources* : OCDE, MEI.

Les années 1990 confirment les divergences entre l'Europe et les États-Unis. La guerre du Golfe (1990), puis la réunification allemande (1991) plongent l'Europe, dans la récession en 1993. Le choc de la réunification provoque des tensions inflationnistes fortes en Allemagne. Une réévaluation du deutsche Mark aurait atténué le choc pour le reste de l'Europe, mais le dogme de l'ancrage persiste dans la plupart des pays européens. La politique monétaire restrictive s'applique à l'Europe entière au lieu de n'agir qu'en Allemagne. Durant cette période, les contraintes d'offre apparaissent secondaires : le niveau élevé de la part des profits permettait aux entreprises un financement aisé des investissements. Il en allait de même pour la contrainte extérieure. L'Europe avait basculé du côté d'une insuffisance structurelle de la demande, sur la lancée des évolutions passées qui visaient à réduire ces contraintes par la baisse de la part des salaires dans la valeur ajoutée. En France, celle-ci a chuté entre 1982 et 1990 ; depuis, elle oscille autour de 65 %.

De la réunification allemande jusqu'en 1997, la politique économique a pour objectif principal la monnaie unique et le respect des critères de convergence prévus par le traité de Maastricht. L'inflation, le déficit public et la dette publique doivent se situer en dessous de niveaux précis. La politique de désendettement de l'État, associée à un niveau élevé de la dépense publique, a conduit à augmenter les prélèvements obligatoires.

En conséquence des politiques menées, la croissance est faible et le chômage grimpe tandis que l'inflation et les déficits publics sont contrôlés.

L'ancrage sur le deutsche Mark, c'est-à-dire la politique du franc fort — qui a été tenu fût-ce au prix d'un choc monétaire dévastateur, en raison de la réunification allemande —, explique une grande partie de l'écart de chômage qui se creuse entre la France et l'Europe. Le chômage est ainsi supérieur d'environ un point en France à celui de la moyenne de la future zone euro (graphique 1) alors que l'inflation y est environ inférieure d'un point (graphique 3).

La croissance « molle » de l'Europe contraste avec le dynamisme américain et alors que l'Europe rattrapait les États-Unis durant les années 1960, les niveaux de vie ont crû beaucoup plus vite aux États-Unis qu'en Europe pendant les années 1990.

Le choix de l'Europe, en enfermant les marges de manœuvre budgétaires dont pouvait disposer le gouvernement français dans un carcan incompressible, a certes freiné dans un premier temps l'activité économique du pays ; mais elle a toutefois porté ses fruits par la suite en restaurant la crédibilité de la France, ce qui s'est traduit par une réduction de la prime de risque sur les taux d'intérêt et une restauration de la compétitivité. La perspective de l'Union monétaire a rendu possible, dès 1997, un volontarisme politique en matière économique.

## Le retour temporaire de la croissance

De 1997 à 2001, l'Europe a connu une période de croissance. Le chômage a amorcé une décrue dès le milieu de l'année 1997 et après trois années de croissance, le débat public s'est porté sur le plein-emploi. Quel est le taux de chômage que peut soutenir l'économie européenne ? Combien de temps pour retourner au plein-emploi ?

La période de croissance a été alimentée par le rattrapage du retard d'investissement accumulé pendant le début de la décennie 1990. Mais la reprise de la croissance de la productivité du travail aux États-Unis a été nette depuis 1995, laissant espérer une vague de croissance portée par les nouvelles techniques de l'information et de la communication. Les biotechnologies pourraient prendre le relais dans un avenir proche. Aux États-Unis, la productivité croissait à la fin des années 1990 à un rythme comparable à celui qu'elle avait pendant les Trente Glorieuses (tableau 1). L'écart avec l'Europe se creuse, mais une diffusion de cette vague de croissance permettrait à l'Europe de retrouver une croissance vigoureuse, en reproduisant le rattrapage sur l'économie dominante. Jusqu'à maintenant, pourtant, la productivité européenne n'affiche pas une rupture à la hausse dans son rythme de croissance.

De 1997 à 2000, la France a enregistré la plus faible inflation des grands pays d'Europe, la plus forte croissance et, en même temps, le plus important excédent de la balance courante. L'Union monétaire ne saurait pour autant expliquer à elle seule les résultats obtenus en France. Car le changement qui s'est produit depuis 1997 en termes de croissance et d'emploi ne s'est retrouvé ni en Italie ni en Allemagne, alors même que ces deux pays se situaient dans le même environnement international et monétaire.

La politique de l'emploi en France à la fin des années 1990 a comporté quelques innovations ambitieuses. Les allègements de charges sur les bas salaires, les emplois jeunes (mis en place en 1997 et développés durant les années 1998 et 1999) et les 35 heures ont contribué à la bonne performance de l'emploi en France et à la réduction de l'écart de chômage avec ses principaux partenaires. En 2000, alors que la France connaît une croissance comparable à celle de la zone euro, proche de 4 %, le chômage se réduit nettement plus (1,4 point en France contre 0,9 point dans la zone euro).

## De l'éclatement de la bulle Internet...

À partir de 1999, la Fed va commencer à relever ses taux directeurs (6 fois de suite). La bulle Internet finit par éclater dès mars 2000, sous la forme d'un krach boursier dont les répercussions seront mondiales. Les profits réalisés à compter de 1995 par les sociétés du Nasdaq vont être totalement volatilisés par l'ampleur des pertes enregistrées entre 2000 et 2001 (148 milliards de dollars). La vague de croissance s'interrompt brusquement. Quelques failles sont apparues dans le modèle de croissance technologique : surcapacités dues à des anticipations par trop volontaristes ; rentabilité décevante de projets, qui, après coup, apparaissent plus fumeux qu'ambitieux ; spirale du bluff et de la surenchère qui aboutissent à des scandales financiers spectaculaires (scandales Enron et Worldcom). Le doute a fait place à l'euphorie et les entreprises, même celles qui ont des perspectives raisonnables, sont étranglées par des financements qui fuient le risque. L'indice Nasdaq ne reprendra son souffle qu'après deux ans de chute vertigineuse.

Tableau 2. **Position budgétaire en France, en Europe et aux États-Unis**
En points de PIB

| | 2000 | 2001 | 2002 | 2003 | 2004 | 2005 | 2006 | 2007 | 2008 |
|---|---|---|---|---|---|---|---|---|---|
| **Croissance du PIB** (en %) | | | | | | | | | |
| France | 3,9 | 1,8 | 1,1 | 1,1 | 2,3 | 1,9 | 2,4 | 2,3 | 0,1 |
| Zone euro | 4,0 | 1,9 | 0,9 | 0,8 | 1,9 | 1,8 | 3,0 | 2,7 | 0,3 |
| États-Unis | 3,7 | 0,8 | 1,6 | 2,5 | 3,6 | 2,9 | 2,8 | 2,0 | 0,4 |
| **Solde public** | | | | | | | | | |
| France | – 1,5 | – 1,6 | – 3,2 | – 4,1 | – 3,6 | – 3,0 | – 2,3 | – 2,7 | – 3,4 |
| Zone euro | – 0,1 | – 1,9 | – 2,6 | – 3,1 | – 3,0 | – 2,6 | – 1,3 | – 0,6 | – 2,0 |
| États-Unis | 1,5 | – 0,6 | – 4,0 | – 5,0 | – 4,4 | – 3,3 | – 2,2 | – 2,8 | – 6,5 |
| **Impulsion budgétaire** | | | | | | | | | |
| France | 0,7 | – 0,1 | 1,2 | 0,5 | 0,0 | – 0,3 | – 0,7 | 0,3 | 0,3 |
| Zone euro | 0,6 | 0,8 | 0,3 | 0,0 | – 0,2 | – 0,4 | – 0,4 | – 0,7 | 0,1 |
| États-Unis | – 0,6 | 0,3 | 2,3 | 1,8 | 0,7 | – 0,8 | – 0,9 | – 1,1 | 0,2 |

*Sources* : Comptabilités nationales, calculs OFCE.

L'Europe paraît particulièrement maladroite dans la gestion de cette crise dont les enchaînements rappellent 1929, et dont le remède de politique économique est connu depuis Keynes : relance vigoureuse, aisance monétaire pour rompre les cercles vicieux et réenclencher la machine économique. Mais la politique budgétaire européenne est prisonnière du Pacte de stabilité, ses centres de décision sont presque sourds à la conjoncture. En 2001-2004, l'impulsion budgétaire européenne, c'est-à-dire l'impact délibéré de la politique budgétaire et fiscale sur la croissance, n'a été que de 1,6 point de PIB. Aux États-Unis, elle aura été de 5,1 points de PIB (tableau 2).

Graphique 5. **Taux de croissance des prix de l'immobilier**
En %, glissement annuel

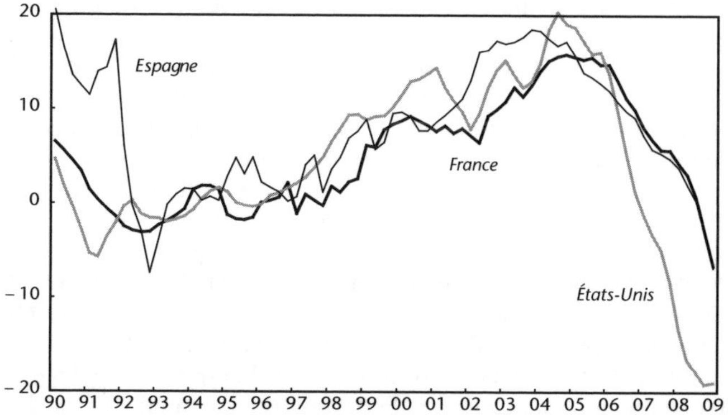


*Sources* : Ministère du logement, INSEE, Standard and poors, OFHEO.

### ... à la formation de la bulle immobilière...

La forte baisse des taux d'intérêt organisée par la FED au cours de cette période a été un élément qui a contribué à l'existence de la bulle spéculative en facilitant l'emballement du crédit.

Mais il n'en est pas l'unique responsable. Alors que la zone euro s'enlisait dans une croissance molle, les pays émergents ont connu dans le même temps une croissance dynamique, tirée principalement par les exportations. Parmi eux, le Brésil a enregistré entre 2002 et 2005 un accroissement de 13 % de son PIB, la Russie 6,7 %, l'Inde environ 7 % et la Chine 10 %. Ce fort dynamisme des pays émergents a conduit à un excès mondial d'épargne entraînant une baisse des taux d'intérêt à long terme entre 2000 et 2005. Stimulée par la faiblesse de ces taux long et du développement d'un marché mondial des produits titrisés basés sur les crédits à long terme, les banques ont accordé davantage de prêts hypothécaires, allant jusqu'à prêter, à taux variables, aux ménages les moins solvables (*subprimes*). Cette pratique a engendré une forte augmentation du taux d'endettement des ménages et a nourrit une bulle immobilière aux États-Unis mais aussi dans de nombreux pays européens (graphique 5).

## … débouchant sur la plus grande crise financière depuis 1929

Fin 2006, cette bulle immobilière éclate : les ménages endettés se retrouvent en possession de biens immobiliers valant moins que la valeur d'achat et un coût de leur crédit qui s'accroît fortement avec la hausse des taux d'intérêt. La forte hausse des saisies de logements par les banques cause la faillite en masse de plusieurs entreprises de prêts hypothécaires à risque conduisant à l'effondrement du prix des actions de l'industrie du crédit. De leur côté, ayant investi dans ces *subprimes* par l'intermédiaire de la titrisation, les secteurs des banques et des assurances sont particulièrement touchés. Conjugué à un manque de transparence du marché secondaire des hypothèques, cela débouche sur une crise de confiance dont le paroxysme est atteint le 15 septembre 2008 avec la faillite de la banque d'investissement américaine Lehman Brothers. Pour renflouer les banques et « dégeler » le marché interbancaire, les États mettent la main à la poche : aux États-Unis, le « plan Paulson » garantit 700 milliards de dollars d'actifs à risque. En Europe, les plans nationaux de sauvetage, sous forme de prêts et de garanties, se chiffrent à 1 700 milliards d'euros. Si ces interventions ont permis d'éviter la faillite d'une autre grande banque, cela n'a pas empêché l'économie mondiale d'entrer, à la fin d'année 2008, dans une phase de récession sans précédent.

## Une politique européenne non coopérative

Au cours de cette période, à la faiblesse du policy-mix en Europe, s'est associée une politique non coopérative de la part des gouvernements des pays membres. À cet égard, le redémarrage de l'économie française a été tempéré notamment par la politique de désinflation compétitive menée outre-Rhin depuis le début des années 2000 et qui a été amplifiée en 2007 par l'augmentation de trois points de TVA et la baisse des cotisations sociales en Allemagne.

En augmentant l'imposition des biens importés et en améliorant la compétitivité-coût des entreprises allemandes, cette politique s'apparente à une dévaluation réelle qui pèsera sur l'ensemble des économies européennes. Elle a permis à l'Allemagne de renforcer ses gains de parts de marché au détriment des autres grands pays européens et notamment de la

France. Cela s'est traduit par un ralentissement de l'activité dans l'Hexagone au cours de cette période. Le défi de coopération à l'intérieur de l'Union européenne est aujourd'hui plus grand que jamais. La crise financière des années 2008 et 2009, la récession engagée et qui est loin d'être résorbée laissent des déficits importants et une dette publique considérablement accrue. Dans ce contexte, le Pacte de stabilité et de croissance induit une politique restrictive trop violente et trop rapide qui peut précipiter l'Union dans une nouvelle récession et réenclencher la panique bancaire et financière. Une politique raisonnée de stabilisation des finances publiques viserait un équilibre entre la gestion des différents risques systémiques. L'Union en paraît incapable et devient le maillon faible de l'économie mondiale.

L'observation des vingt-cinq dernières années nous livre un enseignement robuste : les périodes de recul du chômage ont toutes été des périodes de retour de la croissance à un rythme soutenu. La faible croissance observée au cours des dernières années a valeur de test : soit les Européens mettent en place une politique économique commune apte à répondre à cet imprévu, soit ils tirent chacun de leur côté, retombant alors dans les travers des années 1980 et 1990.

**Repères bibliographiques**

ARTUS P. et CETTE G., *Productivité et croissance,* Rapport du CAE, n° 48, La Documentation française, Paris, 2004.

BLOT C., « Les Allemands sont-ils à l'abri de l'appréciation de l'euro ?», *Clair et Net,* OFCE, 3 juillet 2007.

FITOUSSI J.-P., *Rapport sur l'état de l'Union européenne,* Fayard et Presses de Sciences Po, Paris, mai 2005.

MADDISON A., *Dynamic Forces in Capitalist Development,* Oxford University Press, New York, 1994.

TADDEI D. et CORIAT B., *Made in France,* Le Livre de Poche, Paris, 1993.

TIMBEAU X., « Le partage de la valeur ajoutée en France », *Revue de l'OFCE,* n° 80, janvier 2002.

# II/ Analyse macroéconomique

## 1. La place de l'État dans l'économie

*Mathieu Plane*

En France, la part dans le PIB des dépenses des administrations publiques (APU) s'élevait à 52,8 % du PIB en 2008, ce qui correspond au niveau le plus élevé de l'OCDE avec la Suède. La France se distingue des autres pays européens, non pas par l'importance des dépenses de l'État ou des collectivités locales, mais par celles de son système de protection sociale. Cette spécificité française explique à la fois le niveau supérieur de la dépense publique en France mais aussi la structure des prélèvements où les cotisations sociales sont particulièrement élevées, en dépit des réformes successives d'allègement de coût du travail menées depuis le début des années 1990.

Les contraintes du Pacte de stabilité et de croissance (PSC) en matière de déficit public, le niveau élevé des prélèvements obligatoires (PO) et les risques de concurrence fiscale ont incité les gouvernements à tenter de stabiliser le poids des dépenses des APU. Avec la crise économique, la chute du PIB conjuguée aux plans de relance a entraîné une forte augmentation de la part de la dépense publique. Elle atteint désormais 56 % du PIB en France en 2009 (50,8 % dans la zone euro) et il faudra plusieurs années avant de retrouver le niveau d'avant crise. Selon le programme de stabilité transmis par la France à la Commission européenne, les dépenses publiques diminueraient de 3 points de PIB entre 2010 et 2013. Pour atteindre un tel objectif, le gouvernement table sur une croissance élevée (2,5 % en moyenne chaque année) et sur une réduction drastique du rythme de croissance de la dépense publique. À plus long terme, compte tenu du vieillissement attendu de la population, la maîtrise des dépenses de protection sociale, et spécifiquement celles de retraites et de santé, représente les principaux enjeux pour les finances publiques.

## Un poids croissant des dépenses et de la dette publiques

Les dépenses des APU ont augmenté de plus de 20 points de PIB de 1960 à 2009. Elles ont atteint un pic en 1993 (54,9 % du PIB), puis ont baissé jusqu'en 2001 (51,6 % du PIB), avant de remonter jusqu'en 2005 (53,4 %) sous l'effet du ralentissement de la croissance. Depuis, elles ont à nouveau diminué pour atteindre 52,3 % du PIB en 2007, avant de remonter de 3,7 points en l'espace de deux ans sous les effets de la crise.

Dans les années 1960 et 1970, la France se situait à un niveau proche de la moyenne de ses partenaires européens. Le décrochage de la dépense publique française par rapport à celle de ses voisins européens, entamé dans les années 1980, s'est accéléré à partir de 1993. De 1993 à 2000, la plupart des pays de l'OCDE, à l'exception notable du Japon, ont réduit drastiquement leur part des dépenses dans le PIB (graphique 1). Elles n'ont baissé que de 3,3 points de PIB en France contre 6 points dans la zone euro et 8,7 points aux Royaume-Uni. De 2001 à 2007, l'écart entre la France et la zone euro s'est encore accentué, la dépense publique augmentant de près de 1 point de PIB en France alors qu'elle a diminué de plus de 1 point dans la zone. En revanche, cet écart a diminué avec la crise, la récession étant moins profonde et les plans de relance moins coûteux en France que dans les autres pays. La part de la dépense publique dans le PIB a augmenté entre 2007 et 2009 de 4,7 points de PIB en moyenne dans la zone euro, de 4,8 points aux États-Unis, de 5,5 points au Japon et de 8 points au Royaume-Uni (contre 3,7 points en France).

La dette publique en France est passée de 21,1 % du PIB en 1978 à 78,1 % en 2009, les dépenses étant toujours supérieures aux recettes sur la période ont conduit à accumuler des déficits (en moyenne de 3,0 % du PIB entre 1978 et 2009). Cependant, depuis 1978, les actifs financiers et non financiers détenus par les APU sont toujours restés supérieurs aux dettes financières (la valeur nette des APU était de 30 % du PIB en 2008).

Graphique 1. **Les dépenses publiques**
En % du PIB

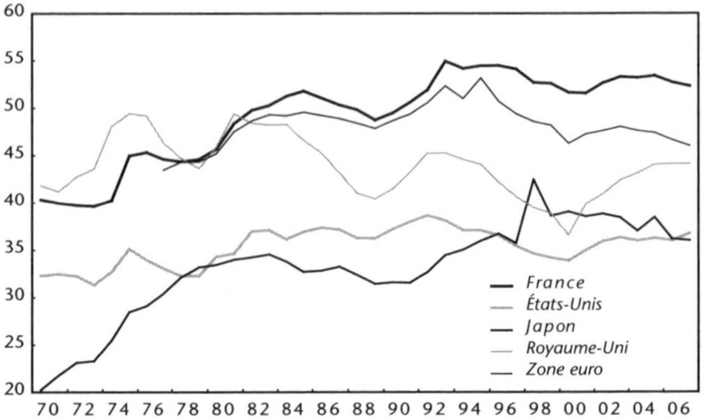


*Sources* : OCDE, INSEE.

Depuis 1978, la dette publique brute a connu deux périodes durant lesquelles elle a diminué : de 1998 à 2000, la forte croissance du PIB a permis de diviser par deux le déficit public et de réduire la dette de 2,5 points de PIB. Après avoir atteint un pic en 2005 (66,4 % du PIB), la dette publique a également baissé de 2,7 points de PIB en 2006. Cette réduction annuelle, sans précédent depuis trente ans, s'est faite grâce à la vente d'actifs considérés comme non stratégiques par l'État (notamment les autoroutes) et à la réduction des excédents de trésorerie détenus par l'État. En revanche, ces deux types d'opérations, qui ont représenté environ 40 milliards d'euros, ne modifient pas la situation patrimoniale nette des APU. Depuis 2008, la dette publique est repartie à la hausse et a atteint un niveau historiquement élevé (78,1 % du PIB en 2009) en raison de la crise économique. Le creusement spectaculaire du déficit public (7,5 % du PIB) — conséquence de la chute de l'activité, de la mise en place d'un plan de relance et de diverses opérations de refinancement de l'État visant à soutenir le système financier — a conduit à augmenter la dette publique de plus de 10 points de PIB en 2009. Un scénario dans lequel cette dernière dépasse 100 % du PIB n'est pas à exclure au cours de la décennie à venir [Heyer *et al.*, 2010]. Sous la pression des marchés financiers et de la Commission européenne, des ajustements budgétaires importants sont annoncés pour éponger l'endettement passé et vont peser sur la croissance au cours des prochaines années.

## La structure des dépenses publiques

En 2008, les administrations publiques françaises dépensaient 5 points de PIB de plus que la moyenne de la zone euro et 9 points de plus que l'Allemagne (tableau 1). Cela est particulièrement visible dans le domaine de la protection sociale (y compris santé) auquel la France consacre 3,5 points de PIB de plus que la moyenne européenne. Les dépenses publiques consacrées à l'éducation en France sont également supérieures à la moyenne, en raison d'une proportion de jeunes dans la population plus élevée et d'une dépense privée consacrée à l'enseignement très faible. Une fois les dépenses publiques corrigées de celles de protection sociale et d'éducation, dont le niveau dépend à la fois de l'arbitrage entre financement public et privé mais aussi des différences de structure démographique, l'écart de la France avec la zone euro est de seulement de 0,7 point de PIB. Ce niveau corrigé est même inférieur en France à celui affiché au Royaume-Uni, en Italie et en Suède.

**Tableau 1. Les dépenses publiques par fonction en 2008**
En % du PIB

| | All. | Fr.[1] | It. | R.-U.[1] | Suède | Zone euro[1] |
|---|---|---|---|---|---|---|
| Services généraux | 5,5 | 7,1 | 9,0 | 4,5 | 7,6 | 7,0 |
| Défense | 1,0 | 1,8 | 1,4 | 2,5 | 1,5 | 1,3 |
| Ordre et sécurité publique | 1,6 | 1,2 | 1,8 | 2,6 | 1,4 | 1,6 |
| Affaires économiques | 3,5 | 2,8 | 3,7 | 4,8 | 5,0 | 3,9 |
| Protection de l'environnement | 0,6 | 0,9 | 0,8 | 0,9 | 0,4 | 0,7 |
| Logement et équipements collectifs | 0,7 | 1,9 | 0,7 | 1,3 | 0,7 | 1,1 |
| Loisirs, culture, cultes | 0,7 | 1,5 | 0,8 | 1,1 | 1,0 | 1,1 |
| Enseignement | 3,9 | 5,8 | 4,6 | 6,3 | 6,9 | 5,0 |
| Santé | 6,6 | 7,8 | 7,1 | 7,4 | 7,0 | 6,9 |
| Protection sociale (hors santé) | 19,7 | 21,8 | 18,8 | 15,9 | 21,5 | 19,2 |
| **Total** | **43,7** | **52,7** | **48,9** | **47,3** | **53,0** | **47,7** |

1. Les données sont celles de 2005.

*Source* : Eurostat.

Le rôle de l'État en tant que producteur dans le secteur marchand s'est considérablement réduit suite aux vagues de privatisations des années 1986-1988 et à partir de 1993 (voir p. 63). Il se limite aujourd'hui pour l'essentiel aux activités de réseau (électricité, chemins de fer) même si dans ce domaine l'État a entrepris depuis 2004 des privatisations (Air France, France Télécom, sociétés d'autoroutes) ou des ouvertures de capital (EDF, GDF, Aéroports de Paris). Néanmoins, fin mai 2010, l'État possédait, malgré la crise financière, 93 milliards d'euros de participations (soit près de 5 points de PIB) dans le capital des entreprises cotées, dont 56 milliards uniquement avec EDF. Désormais, l'État joue également, dans certains secteurs stratégiques, un nouveau rôle de régulateur *via* des autorités autonomes (Autorité de régulation des communications électroniques et des postes).

## Le rôle croissant des APUL et ASS

La forte hausse des dépenses publiques entre 1978 et 2008 (8,4 points de PIB) est attribuable aux dépenses des administrations de Sécurité sociale (ASS) (4,8 points) et à celles des administrations publiques locales (APUL) (3,6 points). En revanche, la somme des dépenses de l'État (hors transferts entre administrations mais y compris les organismes divers d'administration centrale) sont au même niveau entre 1978 et 2008 et représentent 18,2 % du PIB en 2008.

La forte croissance des dépenses des APUL (11 % du PIB en 2008) est en partie due à la décentralisation et aux transferts de compétences des années 1980. De plus, 72 % de l'investissement public est réalisé par les APUL, ce qui représente plus de 21 % de leurs dépenses. Celles-ci ont la charge d'une partie du réseau routier, des bâtiments scolaires, des infrastructures locales, des logements sociaux et des services publics locaux (collecte des déchets, éclairage, eau). Si l'État, au-delà des équipements de ses ministères civils, investit moins, il pilote néanmoins une partie de l'investissement local *via* les subventions qu'il verse : près de 30 % des dépenses des collectivités locales sont en effet financées par des dotations de l'État.

Le gouvernement Raffarin a mis en place une réforme importante visant à décentraliser davantage et à préciser les rôles des différentes collectivités. La loi de décentralisation adoptée en août

2004 transfère aux départements et aux régions un certain nombre de compétences (gestion du RSA et de l'aide personnalisée d'autonomie, aides au logement, formation des travailleurs sociaux...). En contrepartie, l'État leur a transféré une partie de la taxe intérieure sur les produits pétroliers (TIPP). Reste que les transferts ne couvrent pas toujours le montant croissant des dépenses et que des risques d'inégalités entre les collectivités riches et pauvres apparaissent. En février 2009, Nicolas Sarkozy a annoncé la suppression de la taxe professionnelle en 2010. Le manque à gagner *in fine* pour les finances publiques est estimé à 5,8 milliards d'euros (4,3 milliards compte tenu des surplus d'impôts sur les sociétés engendrés). Reste à savoir si ce manque à gagner pour les collectivités locales sera compensé à long terme par l'État ou par la création d'une autre taxe (la taxe carbone a été évoquée), ce qui soulève le problème de la modification de l'assiette fiscale.

La hausse des prestations sociales et autres transferts entre 1978 et 2008 constitue 75 % de l'augmentation de l'ensemble des dépenses publiques, l'autre principal poste d'augmentation étant les charges d'intérêts payées sur la dette publique. Ces dernières se sont accrues de 1,9 point de PIB entre 1978 et 2008 (2,9 points de PIB en 2008) avec l'augmentation de 46 points de PIB de l'endettement public sur la période. Cependant, malgré la hausse de 10 points de PIB de la dette publique en 2009, la baisse de taux publics quelles que soient les maturités a permis une baisse spectaculaire de la charge d'intérêts, ramenant ainsi son poids dans le PIB au même niveau que celui qui prévalait au milieu des années 1980 (2,4 % du PIB), période où la dette publique brute était proche de 30 % du PIB.

Les dépenses de fonctionnement des APU, composées à près de 70 % de la rémunération des fonctionnaires, n'a pas contribué à l'augmentation de la dépense publique en l'espace de trente ans, représentant 18,1 points de PIB en 2008, et l'investissement public n'a augmenté que de 0,2 point de PIB dans le même temps (3,3 points de PIB en 2008).

Les dépenses sociales sont élevées en France car de nombreux risques sont couverts collectivement dans une logique d'assurance sociale. Les dépenses visant spécifiquement à réduire les inégalités de revenu sont minoritaires. Pour l'essentiel, le système de protection sociale assure des pensions de retraite quasi proportionnelles aux salaires perçus durant la carrière, fournit une assurance maladie à l'ensemble des résidents, et verse des prestations familiales dont la moitié ne sont pas sous conditions de ressources.

Les dépenses de santé se répartissent entre les prestations maladie (8,3 points de PIB en 2007) et les prestations d'invalidité et les accidents du travail (2 points de PIB). Les dépenses de maladie sont financées à 85 % par les régimes de la Sécurité sociale, 13 % par les régimes complémentaires privés et 2 % par l'intervention sociale des pouvoirs publics. Les pensions publiques de retraite et de survie, qui comprennent le régime général et les régimes complémentaires obligatoires représentent 12,1 % du PIB en 2007 auxquels il faut ajouter 0,6 % du PIB d'intervention sociale des pouvoirs publics (tableau 2). La pension nette moyenne en France issue des régimes publics représente deux tiers du salaire net moyen (proche de la moyenne de l'OCDE) contre environ 41 % au Royaume-Uni et 45 % aux États-Unis, où une partie importante des pensions est versée par des régimes privés (financés par capitalisation).

Tableau 2. **Prestations sociales en france en 2007**
En % du PIB

| | Assurances sociales | Intervention sociale PP | Autres | Total |
|---|---|---|---|---|
| Santé | 8,0 | 0,8 | 1,5 | 10,3 |
| Vieillesse - Survie | 12,1 | 0,6 | 0,4 | 13,0 |
| Maternité - Famille | 1,8 | 0,6 | 0,2 | 2,7 |
| Emploi | 1,2 | 0,3 | 0,3 | 1,8 |
| Logement | 0,2 | 0,5 | 0,0 | 0,8 |
| Pauvreté - Exclusion sociale | 0,0 | 0,3 | 0,1 | 0,4 |
| **Total** | **23,3** | **3,1** | **2,6** | **29,0** |

*Note* : PP : pouvoirs publics ; Autres : régimes d'employeurs, mutuelles, institutions de prévoyance, associations caritatives... Les dépenses publiques correspondent au total des assurances sociales et des interventions sociales des pouvoirs publics.

*Sources* : Comptes de la protection sociale, Drees.

La politique familiale soutient les familles nombreuses : les allocations familiales ne sont versées qu'à partir du deuxième enfant, le complément familial n'est versé qu'aux familles à bas revenu qui ont au moins trois enfants, et la plupart des minima sociaux prennent en compte la structure familiale. Le calcul des prélèvements comme l'impôt sur le revenu (IRPP) joue également un rôle important dans la politique familiale par le biais du quotient familial, la France étant le seul pays d'Europe à le pratiquer. Ces avantages viennent compenser en partie la baisse du niveau de vie associée au coût supplémentaire de chaque enfant.

La réduction des inégalités s'effectue non seulement par le biais de l'aide sociale, des aides au logement et des allocations familiales, mais aussi *via* la fiscalité. Si l'on prend en compte les prestations sociales et les impôts directs, le système fiscalo-social français réduit de près de moitié les inégalités entre les ménages les plus pauvres et les plus riches. En moyenne, en 2008, les 20 % de ménages qui ont les revenus primaires (c'est-à-dire avant impôts et prestations) les plus élevés gagnent 7,5 fois plus que les 20 % des ménages les plus pauvres. Mais comme ces derniers paient moins d'impôts et reçoivent plus de prestations sociales (55 % des prélèvements directs sont acquittés par les 20 % de ménages les plus aisés et 53 % des prestations familiales et aides sociales sont reçues par les 20 % les plus pauvres), le revenu disponible des 20 % les plus aisés se réduit à 4,1 fois celui des 20 % des plus pauvres. La redistribution verticale opérée par le système fiscalo-social est donc importante mais affecte peu les 60 % de ménages situés dans le milieu de l'échelle des revenus qui correspondent aux classes moyennes.

Au cours des vingt dernières années, la nature du système français de protection sociale s'est modifiée. Initialement « bismarckienne », fondée sur la relation professionnelle, la protection sociale française a évolué vers un système plus « universaliste » avec la création du RMI en 1988, de la contribution sociale généralisée (CSG en 1990) et de la couverture maladie universelle (CMU en 2000). Cette dernière donne une assurance de base aux plus démunis comme les bénéficiaires du RSA « socle » (ex-RMI), mais aussi une assurance complémentaire pour les personnes les plus pauvres.

Les dépenses sociales ont considérablement augmenté dans le passé, en raison de la montée en puissance des régimes de retraite introduits après la Seconde Guerre mondiale, de la forte demande de soins de santé que le système parvient difficilement à réguler, et, dans une moindre mesure, de la hausse du chômage. Compte tenu du vieillissement attendu de la population, les dépenses sociales, et en particulier celles de retraites et de santé, représentent des enjeux importants. En 2003, le gouvernement Raffarin a fait voter une réforme des régimes de retraite qui consiste, pour l'essentiel, en la programmation d'une augmentation de la durée de cotisation. Dans le cadre de cette loi, le rendez-vous de 2008 a entériné l'allongement de la durée de cotisation de quarante ans à quarante et un ans en 2012. Mais, avec la crise économique, la violente dégradation du solde des régimes des retraites semble avoir accéléré les réformes pour le rendez-vous de 2010. Depuis le mois de mai 2010, une concertation entre le gouvernement et les partenaires sociaux s'est engagée et devrait déboucher sur une nouvelle réforme, la piste privilégiée par le gouvernement étant le recul de l'âge légal de départ à la retraite fixé jusqu'à présent à 60 ans.

La réforme de l'assurance maladie adoptée en août 2004 avait pour objectif un retour à l'équilibre fin 2008 des comptes de l'assurance maladie. Cet objectif n'est pas atteint même si les déficits ont été réduits sur la période 2004-2008. Ils sont en effet passés de 11,6 milliards d'euros en 2004 à 4,4 milliards en 2008. Afin d'atteindre l'objectif d'équilibre, la réforme avait introduit des nouvelles recettes pour la Sécurité sociale et tablait sur une maîtrise de l'évolution des dépenses de santé par l'introduction d'un médecin traitant et d'un dossier médical personnel. Afin d'éviter une nouvelle dérive du déficit, le gouvernement a instauré en 2008 une franchise annuelle sur les médicaments, les transports sanitaires et les actes paramédicaux. En 2009, le gouvernement a entamé la réduction des niches sociales mais la chute des recettes avec la perte d'activité a conduit à une dégradation sans précédent de l'assurance maladie (– 10,6 milliards en 2009).

## Fiscalité : le poids des cotisations employeurs

Depuis le milieu des années 1960, les taux de PO ont augmenté fortement dans l'UE 15 (12,1 points de PIB) et en France (9 points de PIB) alors qu'aux États-Unis et au Royaume-Uni la hausse a été moins marquée (respectivement 2,2 et 5,3 points de PIB). Les PO sont nettement plus élevés dans l'UE 15 qu'aux États-Unis ou au Japon, et la fiscalité française est parmi les plus élevées de l'UE 15 (tableau 3) mais reste inférieure à celle des pays scandinaves, le Danemark et la Suède en tête. Cependant, les comparaisons de taux de PO entre pays doivent être maniées avec prudence. Outre la difficulté d'obtenir une mesure standardisée entre les pays, ces taux sont indissociables des dépenses qu'ils financent. Dans les pays où les taux de PO sont élevés, certaines prestations, notamment de protection sociale, se substituent aux dépenses privées des pays où les taux de PO sont bas. Au final, à prestations identiques, la somme des prélèvements publics et privés est assez peu différente entre les pays.

En moyenne, les pays de l'UE 15 imposent beaucoup plus les biens (impôts indirects) et les salaires (cotisations sociales) que les États-Unis. À l'inverse, les taux d'imposition sur les patrimoines sont légèrement supérieurs aux États-Unis. La France se caractérise par un niveau de cotisations sociales, en particulier employeurs, nettement supérieur à la moyenne de l'UE. À l'inverse, l'imposition des revenus des ménages y est plus faible.

L'évolution générale des prélèvements en France depuis près d'un demi-siècle peut se décomposer en quatre étapes : de 1960 à 1984, le taux de PO a augmenté fortement, passant de 30,6 % à 42,5 %. De 1985 à 1992, le niveau des PO a légèrement baissé (41,4 % en 1992). Les sept années suivantes sont marquées par une hausse sensible de la pression fiscale (3,5 points de PIB). Les hausses d'impôts décidées au milieu des années 1990 ont, pour l'essentiel, été guidées par la volonté de respecter les critères de Maastricht (déficit inférieur à 3 % du PIB) malgré le ralentissement économique. Puis, au tournant des années 1990-2000, le dynamisme des rentrées fiscales induit par la croissance économique a permis au gouvernement Jospin de revenir sur une partie des hausses passées : après le niveau record atteint en 1999 (44,9 % du PIB), les prélèvements ont été réduits jusqu'en 2003, où ils ont atteint 42,9 % du PIB, notamment en raison des baisses de l'impôt sur le revenu et les revalorisations de la prime pour l'emploi (PPE). Entre 2004 et 2006, les PO se sont redressés, atteignant 43,9 % du PIB en 2006. Entre 2006 et 2008, ceux-ci ont diminué de plus d'un point de PIB en raison principalement de la réforme fiscale du gouvernement Villepin pour 2007 (baisse de l'impôt sur le revenu, renforcement de la PPE et mise en place d'un bouclier fiscal qui limite la pression fiscale des ménages à 60 % de leur revenu) et des nouvelles mesures fiscales votées en juillet 2007 dans le cadre de la loi en faveur du travail, de l'emploi et du pouvoir d'achat (défiscalisation des heures supplémentaires, crédit d'impôt d'une partie des intérêts sur les emprunts hypothécaires, hausse de l'abattement pour les donations et les successions, abaissement du bouclier fiscal à 50 % des revenus, réforme de l'ISF). En 2009, les taux de PO ont baissé de 1,3 point de PIB et ont atteint 41,6 % du PIB, soit un niveau identique à celui du début des années 1990.

Cela s'explique par la chute des recettes fiscales dues à la crise : les seules recettes d'impôt sur les sociétés et de TVA ont diminué respectivement de 13 et 10 milliards d'euros en 2009.

Dans les années 1970 et la première moitié des années 1980, les taux de cotisations sociales ont considérablement augmenté. À partir de 1993, les cotisations employeurs sur les bas salaires ont été réduites afin de stimuler l'emploi des salariés peu qualifiés. En 2008, les exonérations de charges pour les entreprises ont représenté 28 milliards d'euros (1,4 % du PIB) dont plus de 21 milliards pour les seuls bas salaires. La compensation des allègements de charges, qui était du ressort de l'État, a été transférée à la Sécurité sociale à partir de 2006. En contrepartie, des recettes de l'État d'un montant équivalent ont été transférées aux organismes de Sécurité sociale. Par ailleurs, la création de la CSG en novembre 1990, en élargissant l'assiette des prélèvements aux revenus du capital et à certains revenus sociaux, a permis de diminuer les cotisations salariés et donc d'augmenter les salaires nets sans accroître le coût pour les entreprises : la part des cotisations dans l'ensemble des ressources de la Sécurité sociale s'est nettement réduite, passant de 85 % en 1990 à 66 % en 2009.

D'autres mesures ont cherché à augmenter les incitations financières à travailler. La baisse de l'IRPP sur les tranches les plus basses à partir de 1999, les réformes de la décote pour le calcul des retraites, ainsi que la création de la prime pour l'emploi visaient à augmenter l'écart entre revenus d'assistance et revenus du travail. La mise en place du RSA, qui a été généralisé en 2009, poursuit également cet objectif. Il vise à assurer l'augmentation des ressources d'une personne bénéficiaire d'un minimum social qui prend un travail. Désormais, il remplace le RMI, l'allocation de parent isolé (API) et une grande partie de la PPE.

Les recettes d'impôts sur les revenus des ménages qui comprennent l'IRPP et la CSG sont plus faibles en France que dans les autres pays (7,4 % du PIB en 2007 contre plus de 10 ,4 % pour l'UE 15 et 10,8 % pour les États-Unis). L'introduction de la CSG, qui rapporte environ 50 % de plus que l'IRPP, a réduit l'écart. La CSG, prélevée à la source, a une assiette large et est proportionnelle au revenu, alors que l'IRPP est fortement progressif, familiarisé, et a une assiette étroite. L'IRPP est perçu avec un décalage d'un an, ce qui ne permet pas d'en faire un instrument de pilotage conjoncturel immédiat. De par sa progressivité, son rendement est très sensible à l'évolution des revenus et à leur distribution.

Tableau 3. **Les taux de prélévements obligatoires**
En % du PIB

| | 1965 | 1990 | 2007 | 2007 | | |
|---|---|---|---|---|---|---|
| | France | | | UE 15 | Suède | E.-U. |
| Impôts sur le revenu des personnes physiques (y compris CSG) | 3,6 | 4,5 | 7,4 | 10,4 | 14,9 | 10,8 |
| Impôts sur les bénéfices des sociétés | 1,8 | 2,2 | 3,0 | 3,5 | 3,8 | 3,1 |
| Cotisations sociales salariés | 2,2 | 5,6 | 4,0 | 3,5 | 2,6 | 2,9 |
| Cotisations sociales employeurs | 8,6 | 11,4 | 10,9 | 6,5 | 9,8 | 3,3 |
| Impôts sur les biens et services | 13,1 | 11,9 | 10,7 | 11,6 | 12,9 | 4,7 |
| Impôts sur le patrimoine | 1,5 | 2,7 | 3,5 | 2,1 | 1,2 | 3,1 |
| Autres prélèvements | 3,0 | 3,5 | 4,0 | 2,1 | 3,1 | 0,4 |
| **Total** | **33,8** | **42,0** | **43,5** | **39,7** | **48,3** | **28,3** |

*Source* : OCDE.

Depuis le début des années 1990, les taux d'imposition du barème de l'IRPP ont été réduits à de nombreuses reprises. Le taux marginal supérieur est passé de 56,8 % en 1990 à 48,09 % en 2004. La réforme fiscale votée pour 2007 modifie le barème de l'IRPP et vise à le simplifier : il compte désormais quatre tranches imposables au lieu de six et intègre l'abattement de 20 %. Le taux moyen de la tranche marginale supérieure est passé ainsi à 40 %.

Au cours des vingt dernières années, les impôts sur les entreprises ont augmenté, mais cette hausse a été compensée par la baisse des cotisations employeurs. Les impôts sur la production avaient augmenté continûment jusqu'à la fin des années 1990. À partir de 1999, ils ont baissé avec la suppression de la part des salaires de l'assiette de la taxe professionnelle (TP). Une réforme de la TP visant à favoriser l'investissement a été votée dans la cadre de la loi de finances 2006 mais Nicolas Sarkozy est allé plus loin en proposant sa suppression définitive pour toutes les entreprises en 2010. La TP a été remplacée par la contribution économique territoriale (CET) qui comporte une part foncière et une part assise sur la valeur ajoutée. Cette mesure, en allégeant la fiscalité des sociétés, notamment celles industrielles, vise à renforcer la compétitivité des entreprises françaises. Les taux d'imposition des bénéfices des sociétés (IS) ont beaucoup varié. Le taux normal d'IS, qui était de 50 % entre 1965 et 1985, a été progressivement réduit pour atteindre 33,3 % en 1993. En 1995, le gouvernement Juppé a instauré une surtaxe de 10 % qui a été progressivement réduite à partir de 2001. En 2006, cette contribution a été définitivement supprimée. Les importantes fluctuations de recettes d'IS sont surtout la conséquence de la grande variabilité, due à la conjoncture, de l'assiette imposable. En revanche, les entreprises ne sont pas toutes égales face à l'IS. En utilisant pleinement les leviers de l'optimisation fiscale, les grandes entreprises de plus de 2 000 salariés ont un taux implicite d'IS de seulement 13 % (8 % pour les groupes du CAC 40) alors que les PME de moins de 20 salariés ont un taux de 30 % [Conseil des prélèvements obligatoires, 2009].

Les impôts indirects sont constitués de la taxe sur la valeur ajoutée (TVA) et des accises (droits de consommation sur les tabacs, les alcools, TIPP). La TVA est l'impôt qui rapporte le plus de recettes à l'État (130 milliards d'euros en 2008, contre 51 milliards pour l'IRPP). Les taux appliqués ont varié à plusieurs reprises. En 1992, le taux dit normal était de 18,6 %. En 1995, le gouvernement Juppé a relevé ce taux à 20,6 %. Depuis avril 2000, il est de 19,6 %. Il existe aussi des taux réduits de 5,5 % sur certains biens et services (produits alimentaires, transports, cantines scolaires, livres, abonnements d'électricité et de gaz, travaux de rénovation et d'entretien des logements) et à 2,1 % notamment sur les médicaments remboursés et la presse. Depuis le 1er juillet 2009, le taux de TVA dans la restauration est passé de 19,6 % à 5,5 % de façon à être aligné sur le taux pratiqué dans la restauration à emporter.

La structure de la fiscalité française a eu tendance à converger vers la moyenne européenne du fait d'une augmentation plus forte des impôts sur les revenus des ménages (avec l'introduction de la CSG) et d'une hausse plus faible des cotisations sociales. Cependant, ce processus a été stoppé à partir de 2002 : au cours de son second mandat, Jacques Chirac s'était fixé comme objectif de réduire d'un tiers l'impôt sur le revenu alors même que les taux de cotisation ont augmenté, notamment avec la réforme des retraites. Le système fiscal a donc perdu en progressivité ces dernières années, ce qui s'est accentué avec la mise en place du bouclier fiscal.

Les cotisations employeurs en France sont très supérieures à la moyenne européenne. La question de la poursuite de l'élargissement du financement de la protection sociale continue à faire débat. Les cotisations employeurs, famille et maladie, accroissent le coût du travail alors qu'elles financent des prestations universelles qui devraient logiquement être financées par l'impôt.

Bien que la taxation des revenus du travail ait été réduite et que l'imposition des revenus du capital ait augmenté, du fait des prélèvements sociaux, les revenus du capital restent moins taxés que les revenus du travail en raison de la plus grande mobilité du capital et de la concurrence fiscale. Cela pourra difficilement changer tant que l'on n'observera pas une véritable convergence fiscale en Europe.

## Heurs et malheurs du contrôle mutuel des dépenses publiques

La politique budgétaire reste la prérogative des gouvernements nationaux, mais le Pacte de stabilité et de croissance (PSC) oblige les pays de la zone euro à avoir un déficit public inférieur à 3 % du PIB et à équilibrer leurs finances publiques à moyen terme. La France a subi les critiques de la Commission qui lui a lancé des avertissements à plusieurs reprises du fait du dépassement de 2002 à 2004 de ce seuil. En mars 2005, le PSC a été assoupli : l'objectif de moyen terme des finances publiques a été redéfini pour tenir compte du niveau d'endettement des pays, et les facteurs permettant aux États membres de justifier le dépassement de 3 % ont été élargis.

En France, à l'instar des autres pays de l'UE 15, le déficit public s'est nettement réduit entre 1993 et 2000 (graphique 2) grâce aux politiques d'ajustement structurel et à la forte croissance au cours des dernières années de la décennie 1990. Le solde public est passé en effet de - 6,4 % du PIB en 1993 à - 1,5 % en 2000 (de - 5,8 % en 1993 à - 0,1 % en 2000 dans la zone euro).

Pendant la même période, les États-Unis et le Royaume-Uni ont eu une croissance très forte (respectivement 4 % et 3,5 % en moyenne contre 2,7 % pour la zone euro), supérieure à celle de l'Europe, ce qui leur ont permis de réaliser des ajustements budgétaires de grande ampleur leur permettant de dégager des excédents budgétaires entre 1998 et 2000. Cela leur a donné des marges de manœuvre pour stimuler fortement leurs économies de 2001 à 2003, déprimées par l'éclatement de la bulle Internet. La zone euro a mené, au contraire, une politique budgétaire timide au cours de cette phase de ralentissement économique. Dans un contexte d'élections présidentielle et législative, 2002 a été la seule année où la politique budgétaire de la France fut nettement plus expansionniste que dans le reste de la zone euro. De 2003 à 2006, la France a réduit son déficit public de 1,8 point de PIB, le ramenant à 2,3 % du PIB en 2006 mais la baisse des PO en 2007

Graphique 2. **Les soldes publics**
En % du PIB

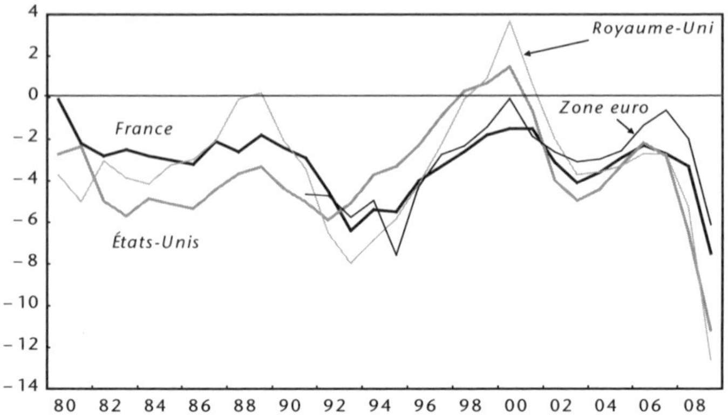


*Source* : OCDE.

a conduit à une nouvelle hausse du déficit public. De 2003 à 2007, la zone euro a réduit son déficit public de 2,5 points de PIB, se rapprochant de l'équilibre budgétaire en 2007. Avec la crise, la nécessité de plans de relance pour stimuler les économies dans les pays industrialisés et la chute drastique des recettes fiscales ont conduit à une détérioration vertigineuse des déficits publics. Ces derniers ont augmenté, de 2007 à 2009, de 4,8 points de PIB en France, de 5,5 points dans la zone euro, de 8,4 points aux États-Unis et de 9,9 points au Royaume-Uni. Malgré la pression de la commission européenne et des marchés financiers pour réduire rapidement les déficits publics dans la zone euro, cette dernière présentait en 2009 des déficits publics au niveau agrégé bien moins dégradés qu'aux États-Unis et au Royaume-Uni.

## Améliorer l'efficacité de l'intervention publique

Alors que les dépenses de santé sont difficilement contrôlables, les procédures d'ouverture de crédit permettent à l'État et aux collectivités locales de maîtriser leurs dépenses, même si la part des dépenses « obligatoires » de l'État est importante (rémunérations et pensions, charges de la dette...). Pourtant, au-delà des équilibres macroéconomiques, l'enjeu pour les gouvernements est aujourd'hui d'améliorer l'efficacité de la dépense publique.

Cinq ans après son adoption, la loi organique relative à la loi de finances (LOLF) est entrée en vigueur avec la présentation du projet de loi de finances pour 2006. La nouvelle architecture du budget de l'État, en améliorant la transparence des comptes publics, clarifie explicitement les politiques publiques. Le budget n'est plus fixé ministère par ministère comme auparavant mais est ventilé en 45 « missions » (dont 13 recouvrant les budgets annexes et les comptes spéciaux), divisées en 149 « programmes » (dont 23 pour les budgets annexes), eux-mêmes déclinés en « actions », dont la réalisation sera suivie à l'aide d'une batterie d'indicateurs (environ 1 300). Ces missions peuvent être propres à un ministère ou interministérielles. Pour chaque programme, des responsables ayant une certaine liberté d'action sont désignés, et des objectifs définis au regard des moyens alloués. Un tableau de bord très détaillé est ainsi élaboré et permet, l'année suivante, de dresser un bilan de performance.

### Repères bibliographiques

CONSEIL DES PRÉLÈVEMENTS OBLIGATOIRES, « Les prélèvements obligatoires des entreprises dans une économie globalisée », octobre 2009.

MARICAL F., « Les mécanismes de réduction des inégalités de revenus en 2008 », *France portrait social,* INSEE, 2009.

BASLÉ M., *Le Budget de l'État,* La Découverte, « Repères », 2004.

HEYER E., PLANE M. et TIMBEAU X, « Quelle dette publique à l'horizon 2030 en France ? », *Revue de l'OFCE,* n° 112, janvier 2010.

LE BAYON *et al.,* « Europe, États-Unis, Japon : quelles politiques budgétaires de sortie de crise ? », *Revue de l'OFCE,* n° 112, janvier 2010.

# 2. Emploi et chômage

*Matthieu Lemoine et Marion Cochard*

Le taux de chômage de la France métropolitaine aurait atteint 9,5 % à la fin 2009, soit 2,3 points de plus qu'au début de l'année 2008 (graphique 1). Alors que l'année 2007 avait entretenu l'espoir d'un retour au plein-emploi, la résurgence d'un chômage de masse fait renaître de nombreuses questions. La hausse récente du chômage sera-t-elle durable ? Faut-il, pour remédier à cette dégradation, aller plus loin dans la flexibilisation du marché du travail ? Quelles sont aujourd'hui les caractéristiques des chômeurs français par rapport aux chômeurs européens, et la crise récente a-t-elle altéré leurs spécificités ? Et, à l'heure où la crise de l'emploi s'annonce durable, la stratégie européenne pour l'emploi est-elle encore à l'ordre du jour ?

## Emploi, croissance et productivité

Le chômage s'est massivement développé au cours des années 1970 et s'est maintenu au-delà de la barre des 2 millions depuis 1984. Cela n'a pas empêché des baisses temporaires sur les périodes 1987-1990, 1998-2001 et 2006-2007, qui ont généralement coïncidé avec des périodes de reprise de l'activité. À court terme, l'emploi est essentiellement déterminé par les variations de l'activité économique, mais l'ajustement n'est pas immédiat. L'impact de la croissance sur l'emploi est amorti par un cycle de productivité : les entreprises n'ajustent pas immédiatement leurs effectifs aux besoins de la production mais préfèrent recourir à la flexibilité interne, en ajustant le temps de travail *via* les heures

Graphique 1. **Chômage au sens du BIT depuis 1970**
En millions de personnes, CVS, France métropolitaine

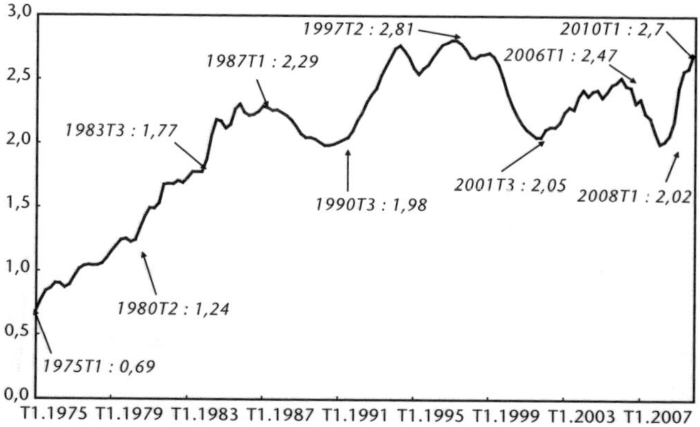


*Source* : INSEE.

supplémentaires, les congés imposés ou le chômage partiel. Elles peuvent en outre réduire rapidement certains coûts salariaux comme les primes.

Les entreprises ne vont ajuster leurs effectifs que si le rebond ou le creux conjoncturel s'avèrent durables. C'est pourquoi la productivité du travail s'accélère lors des phases de reprise et se réduit lors des ralentissements conjoncturels (graphique 2). La modification du rythme de croissance a donc des effets retardés sur l'emploi, et la croissance de la productivité du travail fluctue à court terme. Ainsi, les entreprises n'ont rétabli qu'en 2004 leur productivité, qui avait été dégradée par le ralentissement de 2001-2002. À l'inverse, la crise économique et financière a creusé le cycle de productivité à un niveau historiquement bas jusqu'à la mi-2009 (graphique 2) et la perspective de son rétablissement laisse augurer de la poursuite de la dégradation du marché du travail, malgré le retour à une croissance positive.

Structurellement, les politiques d'allègements de charges et de réduction du temps de travail ont enrichi la croissance en emplois. La productivité du travail par tête a fortement ralenti au cours des années 1990 (2,6 % de 1980 à 1992, contre 1 % de 1993 à 2002

Graphique 2. **Cycles d'activité et de productivité**
En % de la valeur ajoutée

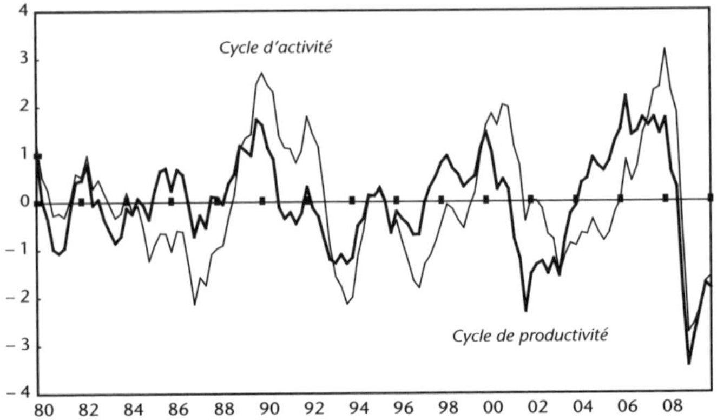


*Légende* : Le cycle d'activité (ou de productivité) est calculé comme écart entre la valeur ajoutée (ou la productivité) dans la branche principalement marchande non agricole et sa tendance estimée à l'aide d'un filtre HP de paramètre 1600.

*Sources* : INSEE, calculs de l'auteur.

voir p. 5), alors qu'elle a connu pendant la même période une accélération aux États-Unis. Ces politiques n'ont cependant pas empêché l'emploi industriel de baisser pendant la même période. Peut-on pour autant parler de désindustrialisation ?

## Mutation de l'emploi de l'industrie vers les services

Comme le montre le rapport de la DATAR (2004), s'il y a bien eu un transfert massif des emplois du secteur industriel vers les services au cours des trente dernières années (tableau 1), la baisse de l'emploi industriel (– 2,3 millions d'emplois) ne correspond pas à une désindustrialisation, puisque la part de l'industrie dans la valeur ajoutée (en volume aux prix de 1995) est restée stable autour de 20 % (voir p. 19).

L. Demmou [2007] explique cette baisse de l'emploi industriel à la fois par des gains de productivité, la concurrence étrangère renforcée par l'ouverture aux échanges internationaux et une réorganisation générale du système productif avec un recours croissant à l'externalisation d'une partie des activités industrielles vers les secteurs des services. Les entreprises externalisent leur comptabilité, leur logistique, l'entretien et la maintenance de leurs locaux. Selon Daudin et Levasseur [2005], après correction du recours à l'intérim et à l'externalisation, la baisse serait de 1,1 million d'emplois industriels de 1980 à 2002, soit environ 72 % des pertes d'emplois industriels globalement observées au cours de cette période.

Tableau 1. **Emploi par branche entre 1978 et 2009**
En millions d'emplois

| | 1978 | 2009 | Évolution |
|---|---|---|---|
| Agriculture | 2,1 | 0,8 | – 1,3 |
| Industrie | 5,5 | 3,2 | – 2,3 |
| Construction | 1,9 | 1,8 | – 0,1 |
| Services marchands | 7,8 | 12,1 | 4,3 |
| *Dont services aux entreprises* | *1,6* | *4,1* | *2,5* |
| Services administrés | 4,7 | 7,6 | 2,9 |
| Ensemble | 22,0 | 25,5 | 3,5 |
| *Dont salariés* | *18,4* | *23,2* | *4,8* |

*Source* : INSEE.

Ce développement de la sous-traitance de services généraux par de nombreuses entreprises a engendré un changement de structure de l'emploi salarié par taille d'entreprise (tableau 2). La part de l'emploi salarié dans les grandes entreprises (plus de 500 salariés) a diminué de 19,7 % en 1978 à 10,8 % en 2008. En contrepartie, l'emploi des petites entreprises (moins de 20 salariés) a progressé de 28,9 % à 36,2 % pendant la même période.

## Précarité du marché du travail

La France a connu une forte précarisation de l'emploi au cours des années 1990. La part de l'emploi temporaire dans l'emploi total (contrats à durée déterminée, intérim et contrats aidés) est en effet passée de 10,6 % de l'emploi salarié en 1990 à 14,2 % en 2008 (tableau 3). L'importance acquise par ce type d'emplois, et notamment l'intérim, a conduit à un ajustement de l'emploi plus rapide au début de cette crise que lors des précédentes, en témoigne la baisse conséquente de la part de l'emploi temporaire en 2009 (13,5 %). Cette précarisation du marché du travail se traduit en outre par le raccourcissement de la durée de ces contrats temporaires : la part des CDD de moins d'un mois dans le total des intentions d'embauches recensées par l'ACOSS est en effet passée de 35 % à plus de 60 % entre 2000 et 2009.

Tableau 2. **Répartition des effectifs salariés selon la taille des entreprises**

| **Taille des entreprises** | **Années** | **Moins de 20 sal.** | **De 20 à 499 sal.** | **Plus de 500 sal.** | **Toutes tailles** |
|---|---|---|---|---|---|
| Nombre d'établissements | 1978 | 969,5 | 106,5 | 2,2 | 1 078,1 |
| *En milliers* | *2008* | *1 464,3* | *142,6* | *1,8* | *1 608,7* |
| Parts de l'emploi | 1978 | 28,9 | 51,3 | 19,7 | 100,0 |
| *En %* | *2008* | *36,2* | *53,0* | *10,8* | *100,0* |

*Source* : Unédic.

Cette montée en puissance de l'emploi temporaire se retrouve dans les autres pays européens : sa part dans l'emploi salarié a atteint en moyenne 13,4 % en 2009. L'emploi à temps partiel a également connu une nette progression (de 5,2 et 4,7 points) en France et en Europe au cours de la même période pour atteindre respectivement 17,1 % et 18,1 % en 2009.

Tableau 3. **Emploi à temps partiel et emploi temporaire**
En %

| | **Emploi à temps partiel (en % de l'emploi total)** | | **Emploi temporaire [1] (en % de l'emploi salarié)** | |
|---|---|---|---|---|
| | **1990** | **2009** | **1990** | **2009** |
| France | 11,9 | 17,1 | 10,6 | 13,5 |
| Allemagne | 15,2 | 25,4 | 10,5 | 14,5 |
| Italie | 4,9 | 14,1 | 5,2 | 12,5 |
| Royaume-Uni | 21,3 | 25,0 | 5,1 | 5,5 |
| Union européenne [2] | 13,4 | 18,1 | 10,3 | 13,4 |

1. L'emploi temporaire comprend notamment les CDD et l'intérim.
2. L'Union européenne comprend 12 pays en 1990 et 27 pays en 2008.

*Source* : Eurostat.

Le plus fort recours aux contrats temporaires, conjugué à l'annualisation du temps de travail suite aux accords sur les 35 heures (qui ont concerné 65 % des salariés dans les entreprises de plus de dix salariés), a rendu le marché du travail plus flexible : les entreprises peuvent s'ajuster plus rapidement à la conjoncture. Le développement des emplois temporaires, rendu possible par l'assouplissement de l'encadrement juridique des contrats de travail (ordonnance du 11 août 1986), a conduit à un marché du travail dual avec des salariés protégés et d'autres enchaînant chômage et emplois précaires. Mais les contraintes institutionnelles qui empêchent le renouvellement des CDD au-delà d'une durée globale de 18 mois (sauf quelques cas particuliers) ont limité cette dérive. Et le CDD fonctionne pour certains comme un sas vers l'emploi stable : un tiers des salariés en CDD en mars 2001 ont trouvé un CDI un an plus tard, alors que parmi les chômeurs, seulement 13 % ont trouvé un emploi stable [Cancé et Fréchou, 2003].

L'accord de modernisation du marché du travail, signé par les partenaires sociaux le 11 janvier 2008, suit une logique de flexisécurité, c'est-à-dire recherche à la fois plus de flexibilité en cas de sortie d'emploi et plus de protection pour les personnes perdant leur emploi. Les principales mesures sont les suivantes :

— pour le CDI, un nouveau mode de licenciement, la rupture conventionnelle (en échange d'une plus forte indemnité de rupture, le salarié donne son accord au licenciement), le doublement de l'indemnité minimale de rupture (un cinquième de mois par année de présence) et un allongement d'un mois de la période d'essai ;

— un nouveau CDD à « objet défini » réservé aux ingénieurs et aux cadres, d'une durée comprise entre dix-huit à trente-six mois, dont l'échéance est déterminée par la fin d'un projet ;

— la portabilité des complémentaires santé/prévoyance pour un tiers de la durée d'indemnisation (trois mois en cas d'indemnisation courte) ;

— quelques mesures pour les jeunes de moins de 25 ans (prise en compte du stage de fin d'études dans la durée de la période d'essai et création d'une prime forfaitaire d'assurance chômage).

Ces mesures de flexibilisation visent à limiter pour les entreprises les coûts juridiques de licenciement, en cas de contentieux aux prud'hommes. Selon les comparaisons internationales menées par l'OCDE [2004], de moindres coûts de licenciements n'auraient pas d'impact significatif sur le niveau global du chômage, mais permettraient de réduire le chômage des jeunes et le chômage de longue durée. En ce qui concerne la rupture conventionnelle, il n'est pas certain que les coûts juridiques soient réduits dans la mesure où, après homologation de la rupture par le directeur départemental du travail, les litiges resteront de la compétence du conseil des prud'hommes.

## Portrait des chômeurs français

Les 2,7 millions de chômeurs français au sens du BIT ont-ils des caractéristiques (sexe, âge) et des situations (durée du chômage) comparables aux autres chômeurs européens ? D'abord, le chômage français est plus féminin (49,0 % contre 45,0 %, tableau 4). Ensuite, la proportion de chômeurs de longue durée est du même ordre de grandeur en France qu'en Europe (35,1 % contre 33 %).

Tableau 4. **Principales caractéristiques du chômage en 2009**
En moyenne annuelle, en %

| | Fr. | All. | It. | R.-U. | UE 27 |
|---|---|---|---|---|---|
| **Taux de chômage pour** | **9,1** | **7,8** | **7,9** | **7,7** | **9,0** |
| – les femmes | 9,1 | 7,3 | 9,3 | 6,5 | 8,9 |
| – les jeunes | 22,6 | 11,2 | 25,4 | 19,1 | 19,8 |
| – les peu diplômés | 14,3 | 15,6 | 9,6 | 13,3 | 14,8 |
| **Chômage (millions),** **dont parts (en %) du chômage** | **2,6** | **3,2** | **1,9** | **2,3** | **21,2** |
| – féminin | 49,0 | 43,2 | 48,6 | 39,0 | 45,0 |
| – de longue durée | 35,1 | 45,5 | 44,4 | 24,5 | 33,0 |
| – des jeunes | 26,7 | 16,7 | 23,2 | 38,1 | 24,3 |

*Légende* : Les taux de chômage sont les taux harmonisés pour les personnes ayant de 15 à 64 ans et non ceux du BIT couramment utilisés. Le chômage de longue durée concerne les demandeurs d'emploi depuis plus d'un an. Les jeunes ont entre 15 et 24 ans. Les peu diplômés ont un niveau inférieur au deuxième cycle de l'enseignement secondaire, c'est-à-dire au plus le BEPC dans le cas français.

*Source* : Eurostat, enquête sur les forces de travail.

## Le chômage des jeunes

Parmi les jeunes actifs, le taux de chômage est très élevé : il atteignait 22,6 % pour les moins de 25 ans en 2009, contre 9,1 % toutes classes d'âge confondues (tableau 5). Cet écart de 13,5 points s'explique presque pour moitié par la recherche du premier emploi qui a lieu en moyenne à 21 ans. Selon l'enquête

*Génération 2004* du CEREQ, pour les 705 000 jeunes sortis de formation initiale en 2004, le taux de chômage était, au bout de trois ans de vie active, de 14 %, alors que le taux de chômage des jeunes dans leur ensemble était alors de 18,7 %.

Le reste de l'écart s'explique par le processus d'insertion par lequel passent les jeunes. L'emploi d'un jeune s'interrompt en moyenne une fois sur trois au cours d'une année, contre environ une fois sur dix pour la population dans son ensemble [Cordellier, 2006]. Ils peinent en effet à décrocher un emploi en contrat à durée indéterminée (CDI) : seuls 30 % de la génération 2004 accèdent directement à un CDI. De plus, l'accès au CDI ne marque pas la fin du parcours d'insertion : 35 % des jeunes qui y accèdent le quittent ensuite au cours de leurs trois premières années de vie active. Étant globalement moins insérés dans l'emploi, les jeunes sont les premiers touchés en cas de dégradation de la conjoncture. Leur situation s'est particulièrement détériorée lors de cette crise, en raison de la disparition des dispositifs de préretraite, qui a entraîné un maintien exceptionnel de l'activité des seniors. Ainsi, le taux de chômage des jeunes a augmenté de 3,7 points entre 2007 et 2009, contre 1,1 point pour le chômage dans son ensemble.

Tableau 5. **Chômage des jeunes en europe en 2009**
En %

| | Taux de chômage | | Part du chômage | |
|---|---|---|---|---|
| | 15-24 ans | 15-64 ans | 15-24 ans | 15-64 ans |
| France | 22,6 | 9,1 | 9,2 | 6,4 |
| Allemagne | 11,2 | 7,8 | 5,8 | 6,0 |
| Italie | 25,4 | 7,9 | 7,4 | 4,9 |
| Royaume-Uni | 19,1 | 7,7 | 11,4 | 5,8 |
| UE 27 | 19,8 | 9,0 | 8,7 | 6,4 |

*Légende* : Le taux de chômage rapporte le nombre de chômeurs d'une classe d'âge (de 15 à 24 ans ou de 15 à 64 ans) à la population active associée. La part du chômage rapporte le nombre de chômeurs aux effectifs globaux de la classe d'âge.

*Source* : Eurostat, enquête sur les forces de travail.

Mais le haut niveau du taux de chômage des jeunes ne signifie pas que les jeunes chômeurs soient particulièrement nombreux en France. En effet, la plus longue durée des études françaises ne laisse qu'un tiers des jeunes sur le marché du travail, si bien que la part des jeunes au chômage s'élève à 9,2 %, ce qui est proche de la moyenne européenne qui est de 8,7 %. Selon Brunet [2004], même si les jeunes Français travaillent moins parallèlement à leurs études, leur processus d'insertion s'avère assez proche, après leur formation initiale, de celui des jeunes Européens.

## Le chômage des non-qualifiés

Les non-qualifiés[1], définis ici comme les personnes ayant le moins de diplômes, sont particulièrement touchés par le chômage. En 2009, ils représentaient 40,4 % des chômeurs et connaissaient un taux de chômage de 14,3 % (tableau 4). Pour impulser l'emploi des non-qualifiés, les gouvernements successifs mènent depuis 1993 une politique d'exonérations de charges sociales sur les bas salaires, qui ont représenté plus de 21 milliards d'euros en 2008. Cette politique repose sur la thèse selon laquelle le coût du travail, déterminé par le niveau du SMIC et des cotisations sociales, pèserait sur la demande de travail des entreprises. Le SMIC ayant pour vocation de protéger les salaires des non-qualifiés, le coût du travail a été abaissé par des franchises de cotisations en bas de l'échelle des salaires (encadré). Les charges sociales des employeurs représentent aujourd'hui 20,2 % du salaire brut au niveau du SMIC et 46,2 % à partir de 1,6 SMIC. De ce fait, le coût du travail au niveau des bas salaires représente 43 % du coût du travail au niveau du salaire moyen ; ce ratio a ainsi été ramené à celui observé aux États-Unis (tableau 5) ; et la part de l'emploi non qualifié dans l'emploi total, qui était en chute au cours des années 1980, s'est redressée depuis. Selon la DARES, cette politique aurait créé environ 170 000 emplois entre 1994 et 1999. Entre 1998 à 2002, des allègements supplémentaires ont accompagné les 35 heures et cette politique globale aurait créé environ 350 000 emplois. Mais la dégressivité des allègements engendrerait aussi des effets pervers en termes de trappe à bas salaire, c'est-à-dire de désincitation à augmenter les salaires des personnes employées au SMIC ou légèrement au-dessus (voir p. 32).

1. Personnes de niveau inférieur au deuxième cycle de l'enseignement secondaire, c'est-à-dire ayant au plus le BEPC dans le cas français.

## Les politiques de l'emploi

**Les différentes mesures d'allègement de charges en France**
La période 1993-1999 a vu en France la succession de plusieurs mesures d'allègement du coût du travail. En 1993, les cotisations familiales employeurs ont fait l'objet d'une exonération totale pour les salaires inférieurs à 1,1 SMIC et de moitié pour les salaires inférieurs à 1,2 SMIC. Cette disposition a ensuite été intégrée dans un dispositif de réduction dégressive de toutes les cotisations de Sécurité sociale pour les bas niveaux de salaires. La « ristourne », introduite en octobre 1996, prévoit un allègement de charges dégressif. Cet allègement est maximal au niveau du SMIC et nul pour les salaires dépassant 1,33 SMIC. Les seuils d'exonération étant définis en termes de salaires mensuels, la mesure constituait un encouragement à l'emploi à temps partiel pour une plage assez large de niveau de salaire horaire.

**La politique favorisant la baisse de la durée du travail**
À partir de juin 1996, la loi Robien renforce de manière très significative les incitations à la réduction collective de la durée du travail en accordant un allègement de 40 % des charges sociales la première année, puis 30 % les six années suivantes, aux entreprises qui réduisent de 10 % la durée du travail soit en embauchant 10 % de salariés en plus, soit en évitant de licencier. La première loi Aubry, votée en juin 1998, annonce la baisse de la durée légale le 1^er^ janvier 2000 et définit les incitations accordées aux entreprises qui, avant cette échéance, réduisent de 10 % leur durée de travail et embauchent 6 % de salariés en plus. Ces aides sont forfaitaires et dégressives dans le temps (1 374 euros la première année pour chaque salarié) et étaient prévues pour sept années. Cette loi incite à des négociations de réduction du temps de travail collectif sans baisse des salaires. Le 19 janvier 2000, la loi « Aubry II » est instaurée pour l'ensemble des entreprises passées aux « 35 heures » par accord négocié comprenant certaines clauses et un nouvel allègement pérenne sur les bas salaires se substituant à la réduction unique dégressive sur les bas salaires et comprenant une partie forfaitaire et une partie dégressive jusqu'à 1,7 SMIC. Adopté par le Parlement le 18 décembre 2002, le projet de loi Fillon, assouplit les lois Aubry sur les 35 heures en augmentant le contingent d'heures supplémentaires (de 130 à 180 heures par an) et n'incite plus les entreprises à réduire le temps de travail. Elle met en place une réduction de cotisations patronales accessible à tous les employeurs, à l'exception de l'État et des collectivités locales, sans conditions de durée du temps de travail. Cette nouvelle réduction est calculée en fonction de la rémunération horaire. Elle remplace les allègements « Aubry II » ainsi que la réduction dégressive de cotisations sur les bas salaires.

**La défiscalisation des heures supplémentaires**
Mise en place en octobre 2007 dans le but d'accroître le pouvoir d'achat des salariés, la loi TEPA comprend un dispositif d'exonérations de charges sur les heures supplémentaires, incitant à augmenter la durée du travail. Cette mesure introduit une réduction forfaitaire des charges patronales de 1,5 euro par HS effectuée dans les entreprises de moins de 20 salariés, et de 0,5 euros dans les entreprises de plus

de 20 salariés. Elle propose l'alignement des HS sur le taux minimal de 25 % dans toutes les entreprises. Pour les salariés à temps complet, cette mesure propose un aménagement de l'allègement « Fillon », de façon à neutraliser l'effet des HS sur le taux d'exonération. Pour ce faire, le nombre d'HS, entrant dans le calcul du salaire horaire, est pris en compte en incluant le taux de majoration qui leur est appliqué. Elle permet également aux salariés une exonération d'impôt sur le revenu et une réduction des charges salariales.

En développant l'emploi peu qualifié, cette politique a baissé la productivité du travail ; les aides à l'emploi des jeunes ou des seniors pourraient conduire à des effets semblables. Ces salariés ont été principalement employés dans les secteurs intensifs en main-d'œuvre (services). La politique de l'emploi a ainsi amplifié les mutations de l'emploi discutées précédemment et contribué au ralentissement de la productivité. Mais elle a en même temps augmenté le taux d'emploi et a donc augmenté la position française en termes de PIB par tête.

### La faible activité des seniors

En 2009, le taux d'activité des seniors (41,5 % pour les 55-64 ans) reste faible, à la fois en comparaison à d'autres tranches d'âge (70,7 % pour les 15-64 ans) et à la moyenne européenne (49,1 %). Cela s'explique en grande partie par les dispositifs de préretraites qui ont permis de gérer les mutations industrielles dans les années 1980, relayés aujourd'hui par les dispenses de recherche d'emploi (DRE). Ajouté à un âge légal de départ à la retraite relativement jeune (60 ans dans le privé), ces dispositifs conduisent à un âge moyen de retrait du marché du travail plus faible en France (58,9 ans, en 2006) que pour la moyenne européenne (61,2 ans). Ces éléments se combinent avec la situation dégradée du marché du travail et au comportement des entreprises qui privilégient les salariés jeunes. En conséquence, le chômage des seniors n'est pas plus haut que la moyenne (6,2 % en 2009, pour les 55-64 ans), mais il si-gnifie un retrait plus probablement définitif du marché du tra-vail : les chances de retour à l'emploi sont plus faibles et la durée moyenne du chômage plus longue (10,9 mois pour les plus de 50 ans et plus, contre 7,5 pour les 25-49 ans, en mars 2008).

## 3. Le tissu productif français

*Hervé Péléraux et Mathieu Plane*

Au fil du temps, la structure productive de la France s'est transformée, l'industrie lourde traditionnelle héritée des Trente Glorieuses laissant peu à peu la place aux industries de haute technologie et aux services. Les mutations se sont accélérées avec les deux chocs pétroliers et, après l'épisode des nationalisations de 1981, se sont accompagnées de vagues de privatisations majeures qui ont favorisé l'insertion des grandes entreprises dans le capitalisme mondial. Ces ajustements ont souvent été douloureux avec la disparition de pans entiers de l'industrie, des délocalisations d'établissements et l'amputation de bassins d'emplois. Mais la France a aussi tiré bénéfice du processus de mondialisation en parvenant à s'y insérer à son avantage. L'attractivité de son territoire économique, au centre de l'Europe, repose sur des infrastructures de qualité et un haut niveau de productivité de sa main-d'œuvre, ce qui en fait une destination prisée pour les investisseurs internationaux. Les investissements directs étrangers (IDE) vers l'Hexagone ont atteint un niveau record en 2007, et même si la crise financière a eu pour effet une contraction très forte des flux dans le monde, la France a mieux résisté que la plupart des autres pays en restant une terre d'accueil privilégiée par les investisseurs.

L'un des ressorts internes de la modernisation de l'appareil productif est l'investissement, qui d'un côté accroît les capacités de production et de l'autre véhicule le progrès technique. L'investissement répond à des déterminants cycliques que sont la demande anticipée et la situation financière des entreprises. Il se développe par vagues, tantôt freiné par les ralentissements d'activité, tantôt poussé par les besoins accrus de capacité de production et la profitabilité élevée du capital. Le violent retournement conjoncturel de la fin des années 2000, initié par le choc pétrolier et amplifié par l'intensification de la crise financière, a laissé les entreprises françaises en situation de surcapacités de production massives. La raréfaction des ressources financières et la chute drastique des commandes ont contraint les entreprises à se désendetter et à réduire les investissements, contribuant à creuser une récession dont les stigmates seront longs à effacer.

## La mutation industrielle du système productif

La crise mondiale qui s'ouvre au moment du premier choc pétrolier affecte la France, et tout particulièrement son industrie. Pour la première fois depuis la Seconde Guerre mondiale, la France connaît une crise de grande ampleur qui modifie en profondeur son système productif. Le tournant est brutal : alors que la valeur ajoutée industrielle progressait à un rythme moyen de plus de 6 % entre 1949 et 1974, elle recule de 3 % en 1975. Cette crise est suivie d'un rattrapage en 1976 et 1977 (respectivement 6,5 % et 4,8 %). Mais l'élan est brisé, la progression annuelle de la production industrielle étant en moyenne inférieure à 2 % de 1978 à 1980 avant de connaître une nouvelle récession en 1981.

La mutation industrielle s'accélère au cours des années 1980 après le second choc pétrolier. La hausse du prix du pétrole, couplée à la montée du dollar, accroît fortement les coûts de production dans l'industrie, alors que dans le même temps la concurrence des pays émergents s'intensifie. Des secteurs entiers de l'industrie française, ne pouvant s'aligner sur les prix des pays à bas coûts de production, sont touchés : un grand nombre d'usines vont disparaître, notamment dans les secteurs de la sidérurgie et du textile, ou connaître des restructurations profondes, dans l'automobile par exemple.

Entre 1974 et 2008, la part de l'industrie dans la valeur ajoutée totale diminue de 3,9 points, représentant 16,7 % du PIB en 2008. Dans le même temps, l'industrie détruit 2,2 millions d'emplois, réduisant ses effectifs de 40 %. La part de l'emploi industriel dans l'emploi total passe de 24,8 % en 1974 à 12,3 % en 2008. Outre les pertes liées aux délocalisations dans les pays à faible coût en main-d'œuvre et à des gains de productivité importants, une partie des emplois de l'industrie (liés aux activités juridiques ou financières, à l'informatique, à la publicité, à l'entretien, à la sécurité par exemple) est externalisée et transférée au secteur des services aux entreprises (*cf.* section I.2.2).

Étant moins soumis à la concurrence internationale et à la hausse des prix du pétrole, les services prennent le pas sur l'industrie. La part de la valeur ajoutée des services marchands dans le PIB est passée de 45,1 % en 1974 à 55,4 % en 2008. La branche qui profite le plus de cette expansion du secteur tertiaire marchand est celle des services aux entreprises, avec 2,7 millions d'emplois créés entre 1974 et 2008, et une hausse de sa part dans le PIB de 5,6 points, sous l'effet du recentrage des entreprises industrielles sur leur cœur de métier. En 2009, la crise a eu pour conséquence un effondrement du commerce mondial. L'industrie, secteur exposé au cycle économique mondial par le biais de ses exportations, a connu la pire chute d'activité depuis la Seconde Guerre mondiale (– 10,3 %), la part de l'industrie ne représentant plus que 15,3 % de la VA totale en 2009 (soit 1,4 point de moins qu'en 2008).

### Les nationalisations et privatisations

Entre 1946 et 1981, le secteur public s'est développé *via* la création de nouvelles entreprises publiques dans des secteurs jugés stratégiques par l'État, comme l'énergie et les transports. À partir de 1981, la gauche a mis en place un programme important de nationalisations, principalement dans les secteurs de la sidérurgie, de l'armement, de la chimie et de la banque. En 1986, après le retour au pouvoir de la droite, un changement va s'opérer avec l'ouverture du capital d'un grand nombre d'entreprises publiques. Au total, ce sont vingt-neuf entreprises du secteur concurrentiel et 400 000 salariés qui ont quitté le champ du secteur public.

Les privatisations reprennent avec le gouvernement Balladur en 1993. Elles comprennent vingt et une sociétés du secteur concurrentiel, totalisant une capitalisation d'environ 61 milliards d'euros et sont, de loin, les plus ambitieuses des pays industrialisés. Cette orientation est prolongée en 1995 après l'élection de Chirac. Au total, fin 2007, les entreprises du secteur public employaient 862 200 salariés, soit 3,8 % de l'effectif salarié total contre 6,5 % en 1996. Cette diminution résulte en partie des privatisations de France Télécom et d'Air France en 2004 et de la

Snecma en 2005. En 2005, l'État a également ouvert le capital d'EDF et de GDF, et en 2006 celui des Aéroports de Paris. Enfin, début 2006, l'État a cédé l'ensemble de ses participations dans trois sociétés d'autoroutes. Les effectifs des entreprises publiques restent très concentrés : les trois groupes publics les plus importants (La Poste, la SNCF et EDF) rassemblent près des deux tiers des salariés de l'ensemble des entreprises publiques.

Avec la crise financière, l'État revient en force dans le capital des sociétés principalement pour éviter l'insolvabilité du système bancaire mais aussi pour sauver les entreprises en difficulté des secteurs dits « stratégiques ». La société des prises de participation de l'État, créée en octobre 2008, a lancé un plan de recapitalisation de 21 milliards pour les banques françaises, dont une partie a déjà été remboursée par ces dernières, et injecté 1 milliard dans le cadre du sauvetage de Dexia. De plus, un fonds stratégique d'investissement doté de 20 milliards d'euros a été créé pour répondre aux besoins en fonds propres d'entreprises porteuses de croissance et de compétitivité pour l'économie française.

## La compétitivité et l'attractivité de la France

Mesurer la compétitivité et l'attractivité d'un pays n'est pas chose facile. Les résultats sont très différents d'une étude à l'autre. Pour ne citer que les études les plus médiatisées, mais très controversées, la France était classée respectivement, pour l'année 2009-2010, au 16e rang mondial d'après le *Global Competitiveness* du Forum économique mondial de Davos, 57e selon le *Inward Foreign Direct Investment Performance Index* du CNUCED en 2005-2007, et 24e pour le *World Competitiveness Overall* Scoreboard de l'Institut international de management de Lausanne en 2010.

Dans la plupart des études réalisées, les notions de compétitivité et d'attractivité sont mélangées [Direction de la prévision du Minefi, 2004]. Il est cependant nécessaire de distinguer ces deux concepts.

La compétitivité d'un pays est la capacité du secteur productif à répondre à la demande intérieure et étrangère tout en offrant aux résidents un niveau de vie qui, à la fois, s'élève et puisse être préservé à long terme. L'appréciation de la compétitivité d'un pays fait appel à deux approches complémentaires [Debonneuil *et al.*, 2003] : les indicateurs de performance d'un côté et leurs déterminants de l'autre. La première approche axée sur les

Graphique 1. **Taux de change effectif nominal et parts de marché** [1]

Indice base 100 en 2003 — Indice base 100 en 2005

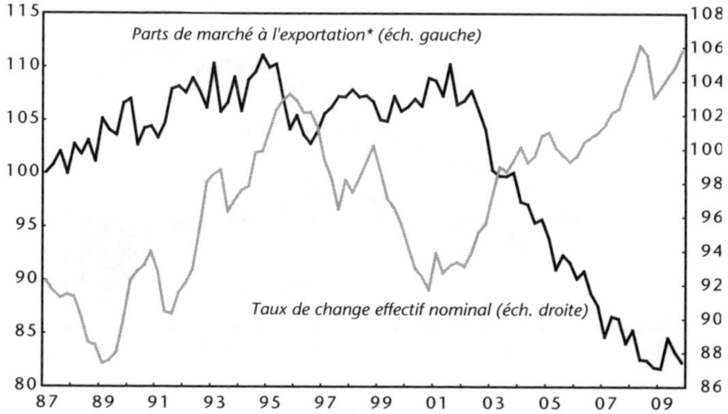


1. Rapport des exportations françaises à la demande adressée à la France en volume.

*Sources* : INSEE, comptes nationaux, estimation OFCE.

résultats est une approche *ex post* de la compétitivité. Les indicateurs les plus pertinents sont les parts de marché des exportations dans le commerce mondial et le PIB par tête en parité de pouvoir d'achat. La seconde approche (compétitivité *ex ante*), qui s'intéresse aux déterminants internes de la croissance, regroupe des éléments touchant à l'attractivité que l'on développera après.

Entre 1990 et 2001, la France a amélioré sa compétitivité-prix, malgré une évolution tendancielle du taux de change légèrement défavorable, et figurait parmi les pays qui, par la désinflation et la modération salariale, avaient réduit leurs coûts salariaux unitaires. Durant cette période, en maîtrisant mieux ses coûts salariaux que l'Allemagne ou les pays anglo-saxons, la France a amélioré ses parts de marché dans le commerce mondial, alors que celles de plusieurs de ses principaux concurrents fléchissaient. La part des exportations françaises dans le commerce mondial, soutenue par la faiblesse de l'euro et la modération salariale, a atteint un point haut en 2001 (graphique 1).

Depuis 2001, la France a connu une lourde chute de ses parts de marché pour deux raisons : d'abord la perte de compétitivité-prix

Graphique 2. **Ouverture de l'économie française**
En % du PIB, volume

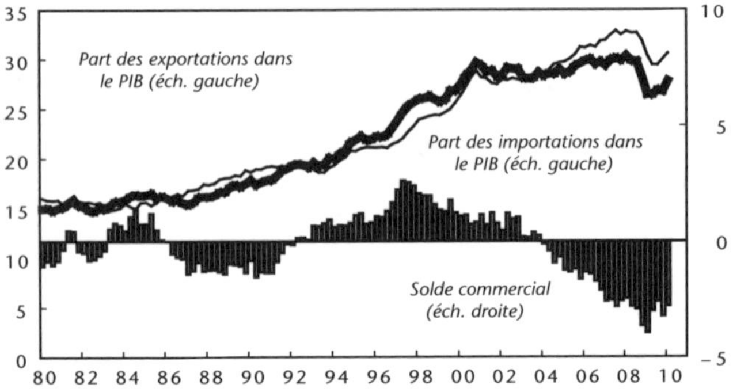


*Source* : INSEE.

des exportations françaises consécutive à l'appréciation du taux de change effectif nominal de la France (valeur nominale par rapport à un panier de monnaies), et ensuite l'engagement d'une politique de réduction drastique des coûts de production par l'Allemagne [Cochard, 2008]. Cette politique menée par l'Allemagne depuis 2003, visant à améliorer sa compétitivité, lui a permis de gagner des parts de marché et a pesé en retour sur le commerce extérieur de ses principaux partenaires, dont la France. Les turbulences récentes de l'euro, en marquant la fin de la baisse des parts de marché observée depuis 2002, pourraient s'avérer favorables pour le commerce extérieur de la France et de la zone euro.

Depuis les années 1960, l'économie française s'est ouverte sur l'extérieur. Les parts respectives, en volume, des exportations et des importations se sont accrues de moins de 8 % du PIB au début des années 1960 à environ 15 % au début des années 1980, pour culminer vers 30 % en 2008 (graphique 2). Le renforcement de l'insertion de la France dans l'économie internationale est source d'élévation de l'activité, mais elle accentue sa dépendance vis-à-vis du cycle mondial et des chocs extérieurs. Mais cette dépendance accrue n'a pas toujours joué contre l'économie française. En effet, après avoir été longtemps négatif à partir de la seconde moitié des années 1980, le solde extérieur est resté positif de 1992 à 2004, signe que les entreprises françaises ont pu s'insérer à leur avantage dans le mouvement de mondialisation.

Cependant, le solde commercial français est redevenu négatif en 2004, d'abord sous l'influence de la politique allemande, mais aussi sous l'effet d'une spécialisation géographique qui a joué au détriment du dynamisme des exportations. Le gros des exportations françaises s'effectue vers l'Europe, 63 % du total, peu vers les États-Unis (6 %) ou les pays de l'Est (7 %). La présence française dans les pays à croissance rapide, pays du Sud-Est asiatique et surtout Chine, demeure faible (5 % de ses exportations). De ce fait, la France a peu profité de la forte croissance de ces zones de 2003 à la mi-2008 et a subi au contraire la faiblesse de ses débouchés européens. Cette répartition géographique défavorable, couplée à l'appréciation de l'euro, à la contraction de la demande intérieure allemande et à la politique de baisse des coûts outre-Rhin, a fini par avoir raison de l'excédent.

Mais ce qui pour la France s'est avéré être un désavantage durant la dernière phase de croissance est devenu un avantage avec la récession qui a frappé l'économie mondiale, malgré le creusement du déficit extérieur. À la différence de l'Allemagne qui a fondé sa croissance sur les marchés extérieurs et qui subit en retour l'effondrement de ses débouchés, la France est protégée par son modèle de développement moins axé sur l'extérieur et moins dépendant des zones du monde qui subissent les plus forts reculs d'activité, comme les pays de l'Est qui sont un partenaire important de l'Allemagne. Au total, le commerce extérieur n'a eu qu'une faible contribution à la récession de 2009 en France, 0,2 point pour un recul du PIB de 2,5 %, contre 3,2 points en Allemagne pour un recul du PIB de 4,9 %.

L'approche *ex ante* de la compétitivité s'intéresse aux éléments touchant à l'attractivité. Selon la Direction de la prévision, l'attractivité peut être définie comme la capacité à attirer des activités nouvelles et des facteurs de production mobiles — capitaux, travailleurs qualifiés — sur le territoire afin d'améliorer la compétitivité et d'augmenter le niveau de vie de ses habitants.

Si les indicateurs pour mesurer l'attractivité d'un territoire se sont largement développés avec la construction d'indices de compétitivité mêlant à la fois des variables macroéconomiques et des enquêtes d'opinion, l'indicateur quantitatif le plus utilisé pour observer l'attractivité d'un territoire reste les flux de capitaux de long terme liés à l'activité opérationnelle des groupes, c'est-à-dire les investissements directs étrangers (IDE) entrant dans le pays.

Alors que les indicateurs d'attractivité placent la France loin du groupe de tête, l'analyse des flux d'investissements directs apporte un diagnostic différent. Dans un contexte de globalisation financière croissante, la France a amélioré sa place depuis le début des années 1990. Alors qu'elle figurait en cinquième position en tant que pays d'accueil des IDE nets en 1990, elle a atteint la deuxième position en 2002. En 2001, 2002 et 2003, l'éclatement de la bulle boursière s'est accompagné d'une vive contraction des flux d'IDE dans le monde (baisse de 60 % entre 2000 et 2003) alors que ceux entrant en France ont continué à progresser en 2001 (56 milliards d'euros) et n'ont reculé que de 20 % entre 2000 et 2003. Depuis 2004, les IDE en France se sont nettement redressés pour atteindre un niveau record de 76 milliards d'euros en 2007. Avec la crise financière, les IDE en France ont chuté de 42 % entre 2007 et 2009, notamment en raison de la chute des fusions-acquisitions qui ont diminué de 60 % au niveau mondial pour la seule année 2009. Ce mouvement n'est pas propre à la France et s'observe dans tous les pays : les IDE en France ont d'ailleurs mieux résisté que dans les autres pays, la France ayant été le pays à recevoir le plus d'IDE après les États-Unis en 2008. Les principaux atouts de la France avancés par les investisseurs sont la qualité de ses infrastructures, sa position géographique au centre de l'Europe et le haut niveau de qualification de sa main-d'œuvre.

Si les statistiques d'IDE donnent une image positive de l'attractivité de la France, les indices de compétitivité, mêlant données quantitatives et enquêtes qualitatives, sont plus pessimistes. Les investisseurs sondés reprochent au pays une fiscalité trop lourde et une législation du travail trop rigide. Mais les classements établis avec ces indices sont contestables, les méthodes utilisées manquant de robustesse [Cœuré et Rabaud, 2003].

L'attractivité de la France pour les investisseurs étrangers est confirmée par le taux de détention du capital des entreprises résidentes par les non-résidents. Pour les seules entreprises du CAC 40, les non-résidents détenaient, à la fin 2008, 39,2 % de leur capital, soit 6 points de plus qu'à la fin 1997 mais 7 points de moins qu'en 2006. Les actionnaires étrangers des groupes du CAC 40 sont à 39 % issus de la zone euro, 36 % des États-Unis et 8 % du Royaume-Uni. Plus d'un tiers des sociétés composant l'indice CAC 40 sont détenues à plus de 50 % par des non-résidents. Il s'agit cependant essentiellement d'investissements de porte-feuille sans implication directe des investisseurs dans la gouver-nance des entreprises.

La très bonne profitabilité des groupes du CAC 40 entre 2004 et 2007 n'a pu que renforcer cette tendance croissante des participations étrangères au sein du capital de ces multinationales. Après s'être constamment améliorés depuis 2004, les bénéfices publiés par les quarante plus grosses capitalisations boursières de la place de Paris ont atteint un record en 2007 (près de 100 milliards d'euros de profits), malgré une conjoncture mondiale dégradée au second semestre.

Mais il semblerait qu'un point haut ait été atteint dans le cycle des profits pour les grandes entreprises cotées qui ont connu de 2004 à 2007 des conditions extrêmement favorables : en effet, durant cette période, la croissance mondiale très soutenue, combinée à l'utilisation du levier de l'endettement grâce à un coût du crédit extrêmement bas et à des rachats massifs d'actions, ont conduit les entreprises du CAC 40 à afficher des ratios de rentabilité très élevés. Après quatre années de très forte progression des profits, 2008 marque la fin de l'âge d'or pour les groupes du CAC 40. Les profits ont chuté de 39 % en 2008, puis de 15 % en 2009, représentant 50 milliards d'euros en 2009, soit la moitié des chiffres publiés pour 2007. Désormais, ces multinationales prévoient une sortie de crise au plus tôt en 2010 et un retour à la normale en 2014.

## Des cycles d'investissement marqués

Avec une baisse de près de – 8 % en 2009, faisant suite à une progression ralentie de + 2,2 % en 2008 contre + 8 % en 2007, l'investissement s'est violemment retourné au tournant de 2008 et de 2009. L'investissement est ainsi entré dans une nouvelle phase de contraction, comme ce fut déjà le cas au début des années 1990 et 2000, interrompant la troisième grande vague de hausse de ces trente dernières années. Ces vagues, entrecoupées de périodes de repli, donnent à l'investissement une trajectoire conjoncturelle marquée, liée au comportement des entreprises au fil du cycle économique (graphique 3).

Une entreprise investit pour augmenter sa capacité de production, mais aussi pour remplacer ses équipements usagés et moderniser ses procédés de production. La croissance du stock

Graphique 3. **Investissement des entreprises en volume**

1985 = 100 En %

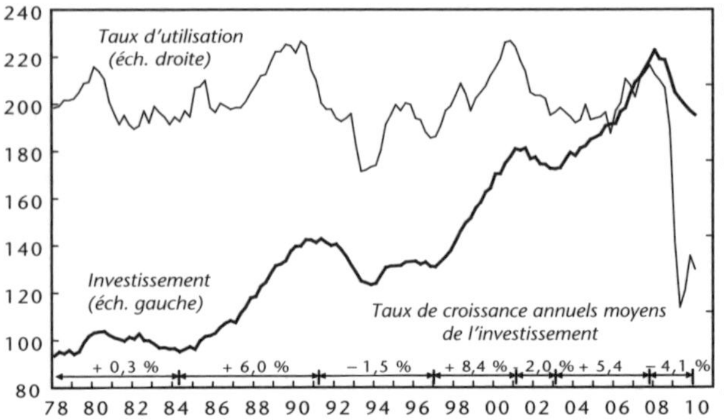


*Sources* : INSEE, comptes nationaux, calculs OFCE.

de capital productif, qui a pour finalité d'ajuster la capacité de production des entreprises au niveau de la demande anticipée, est réalisée par l'investissement d'extension des capacités. Cependant, le volume des équipements disponibles est inerte à court terme. D'abord, la décision d'investir, qui engage plusieurs années, n'est prise que quand la croissance des débouchés est jugée pérenne. Ensuite, le temps d'installation et de rodage des équipements introduit un autre délai entre l'investissement et la croissance effective de la capacité de production. À court terme, les entreprises ajustent donc les capacités de production au niveau désiré en modulant le taux d'utilisation du capital et la durée d'utilisation des équipements, c'est-à-dire l'intensité avec laquelle le parc d'équipements existant est utilisé.

Ainsi, pendant les phases de reprise (ralentissement) de l'activité, la hausse (baisse) du taux d'utilisation des capacités de production accompagne la croissance (contraction) de l'investissement. En 1980 et en 2000, à la fin de deux grandes périodes de croissance, les tensions sur l'appareil productif étaient vives ; en revanche, lors de la récession de 1993, le taux d'utilisation a atteint un point bas sous l'effet de la baisse d'activité qui a provoqué un relâchement de l'utilisation du capital. De 2001 à 2003, le repli de l'investissement s'est aussi accompagné d'une baisse du taux d'utilisation. Néanmoins, ce dernier est resté plus élevé qu'en 1993 et en retour la correction de l'investissement a été moins profonde que dix ans auparavant.

La chute actuelle de l'investissement est pour le moment comparable à celle de 1993, de l'ordre de – 13 %, alors que le recul de la production a été considérablement plus ample qu'à l'époque (– 2,5 % contre – 0,9 %). Ce paradoxe n'est toutefois qu'apparent puisque, on l'a vu, l'investissement répond avec retard aux stimulations de la production, ce qui laisse redouter pour l'avenir une poursuite de l'ajustement des dépenses dont la baisse de 2009 n'aura été que l'amorce. En plongeant vers 70 %, soit 10 points sous les bas de 1993, le taux d'utilisation des capacités de production est en effet sorti de toute norme historique et témoigne d'un niveau inégalé de sous utilisation de l'appareil productif. Le rebond du taux d'utilisation, lié au rebond de l'activité mais sur des niveaux très bas, laisse en parallèle quasiment inchangé le niveau des surcapacités. L'un des principaux moteurs de l'investissement est donc à l'arrêt.

L'investissement dépend aussi de contraintes financières. La situation patrimoniale, mesurée par le taux d'endettement (crédits et titres hors actions rapportés à la valeur ajoutée), est un des déterminants majeurs de l'investissement. Selon le niveau de soutenabilité de leur dette, les entreprises vont être plus ou moins contraintes pour financer leurs projets. Les prêteurs de fonds et actionnaires ne vont s'engager que si le niveau d'endettement leur paraît soutenable et que la capacité à rembourser les prêts, à payer ses intérêts et à dégager des profits est suffisante. L'épargne dégagée par l'entreprise peut lever la contrainte de l'endettement. Plus elle dégagera de profits, moins elle sera dépendante de l'extérieur pour financer ses projets, ce que mesure le taux d'autofinancement (épargne rapportée à l'investissement). La combinaison d'un endettement excessif et d'une insuffisance d'épargne est très pénalisante pour l'investissement et peut conduire à une situation de blocage, situation qui se reproduit à l'heure actuelle, avec un taux d'endettement en passe de retrouver ses hauts du début des années 1990 et un taux d'autofinancement, qui sans être historiquement bas, a perdu 35 points de manière quasi continue depuis dix ans (graphique 4).

Cette plus grande dépendance des entreprises vis-à-vis des financements extérieurs a démultiplié l'effet de la crise financière sur l'investissement. Tétanisés par la montée des risques au

Graphique 4. **Taux d'autofinancement et d'endettement brut des entreprises**

Investissement/épargne (en %) En % de la valeur ajoutée

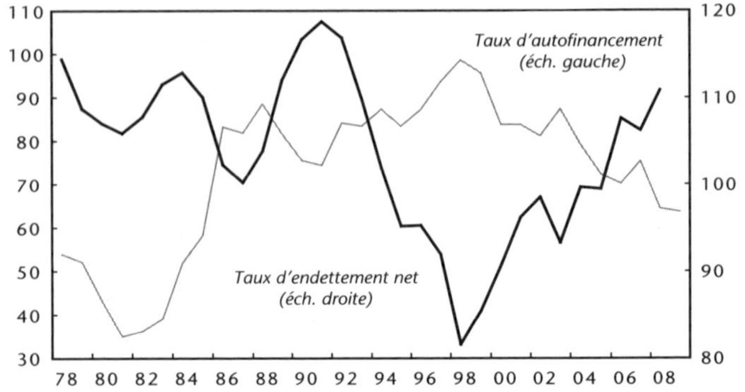


*Sources* : INSEE, comptes nationaux, calculs OFCE.

plus fort de la crise financière, les investisseurs, et en particulier les banques, ont massivement orienté leur activité vers les segments du marché jugés les moins risqués, en finançant les déficits publics qui se creusaient, au détriment des activités productives privées. Sans financement interne suffisant et face à des circuits de financement extérieur asséchés, l'investissement est entré en crise.

Le troisième déterminant majeur de l'investissement est la profitabilité[1] du capital. Les entreprises disposant de ressources financières peuvent, après avoir distribué les dividendes, les affecter à divers emplois, comme le remboursement des dettes, les placements financiers ou l'investissement productif. Encore faut-il que ce dernier dégage une rentabilité suffisante par rapport à celle des emplois alternatifs. Si la rentabilité attendue de l'investissement est inférieure au taux d'intérêt, l'entreprise pourra avantageusement affecter ses ressources au

1. La rentabilité du capital est calculée comme l'excédent brut d'exploitation majoré des réévaluations du capital et minoré de la consommation de capital fixe et de l'impôt sur les sociétés rapporté au stock de capital net en valeur. La profitabilité du capital est calculée comme la rentabilité moins le taux d'intérêt nominal à dix ans.

désendettement ou à les placer en obligations. L'investissement est en général très déprimé dans les périodes où les taux d'intérêt sont élevés : l'activité est peu dynamique, ce qui limite les débouchés, mais également la profitabilité du capital est dégradée, ce qui est un puissant facteur désincitatif à l'investissement.

La forte croissance de l'investissement dans la seconde moitié de la décennie 1980 s'était inscrite dans un contexte d'amélioration notable de la profitabilité des entreprises : la politique de rigueur menée à partir de 1983, notamment la désindexation des salaires et des prix, ainsi que le faible niveau de l'emploi, en contenant la progression de la masse salariale, avait favorisé le redressement du taux d'autofinancement (graphique 4).

L'accumulation des profits entre 1983 et 1985 a permis de financer la reprise de l'investissement à partir de 1985. La remontée des profits s'est poursuivie, portés par l'effet du cycle de productivité, et les entreprises ont pu financer leurs investissements en limitant la progression de la dette. La décennie 1990 s'est ouverte sur un ralentissement de la croissance. Le poids de l'endettement s'est rapidement accru et les marges d'autofinancement se sont réduites. Les entreprises ont dû alors freiner leurs dépenses pour assainir leurs bilans. L'investissement entrait en phase de blocage.

Dans un contexte de politique monétaire inadaptée, la pause des investissements s'est transformée en récession en 1993. En effet, la hausse des taux réels a pénalisé les entreprises, structurellement débitrices, qui ont réagi en se désendettant par la compression de leurs dépenses. Elle a aussi entamé la profitabilité du capital physique et, par là, a incité les entreprises à détourner leurs ressources de l'investissement productif vers les placements financiers plus rémunérateurs. Après la récession de 1993, la politique monétaire s'est assouplie. Les arbitrages financiers sont redevenus plus favorables à l'investissement et ont incité les entreprises à engager la modernisation des équipements issus de la vague d'accumulation précédente.

Ce mouvement n'est toutefois resté qu'embryonnaire, les entreprises privilégiant toujours les stratégies de désendettement ou de placements financiers alternatifs, et c'est en 1997 que l'investissement a accéléré, renouant avec les rythmes enregistrés dix ans auparavant. Cette grande phase de croissance de l'investissement s'est achevée dans l'excès. À la fin de la décennie 1990, les anticipations de profitabilité liées aux nouvelles technologies de l'information et de la communication (NTIC) sont devenues irraisonnées. Les entreprises ont alors surinvesti, notamment dans ce secteur, certaines réalisant des opérations de croissance externe à des coûts exorbitants : multiplication des opérations de fusions-acquisitions et formation d'une bulle spéculative sur les marchés boursiers. L'éclatement de cette bulle aux États-Unis en 2000 a gagné l'Europe.

La chute des cours boursiers, en particulier dans les secteurs de la nouvelle économie, une fois les investisseurs revenus à la raison, a contraint les entreprises à provisionner les dépréciations d'actifs alors que les passifs restaient lourdement lestés par les dettes. Comme au début de la décennie 1990, les entreprises ont cherché à se désendetter en réduisant l'investissement.

Mais les taux d'intérêt réels étant beaucoup moins élevés au moment du retournement qu'il y a dix ans, l'assainissement des bilans a eu des conséquences bien moins dévastatrices qu'alors. La baisse ultérieure des taux et leur maintien à bas niveau ont permis un redressement de la profitabilité du capital qui a été à l'origine de la troisième vague de hausse de ces trente dernières années. En faisant jouer le levier de l'endettement au détriment du taux d'autofinancement (graphique 4), les actionnaires ont profité à plein, durant les années 2000, des opportunités de gain ouvertes par l'allocation des ressources empruntées vers l'investissement.

La crise financière a changé la donne, avec le tarissement du crédit qui a enrayé la mécanique de l'effet de levier et a pesé — et pèse encore — sur l'investissement. D'autre part, et même si les taux d'intérêt à long terme restent à bas niveau, la profitabilité du capital a répercuté l'effondrement de sa rentabilité. Le niveau des surcapacités est tel en effet que la productivité du capital installé a dramatiquement chuté, à l'image du taux d'utilisation. Seule une reprise forte, aujourd'hui largement hypothétique, serait susceptible d'éponger sans douleur ces surcapacités et d'enrayer la chute de l'investissement. Autrement, les faillites purgeront l'économie de ses capacités de production excédentaires, avec l'opportunité, pour les entreprises survivantes, de s'approvisionner en biens de production sur le marché de l'occasion. Rien ici qui puisse stimuler la création de capacités de production nouvelles.

## Repères bibliographiques

AGENCE FRANÇAISE POUR LES INVESTISSEMENTS INTERNATIONAUX, « Bilan 2009 : les investissements étrangers créateurs d'emplois en 2009 », 2009.

COCHARD M., « Le commerce extérieur français à la dérive ? », *Revue de l'OFCE*, n°106, juillet 2008.

CŒURÉ B. et RABAUD I., « Attractivité : analyse, perception et mesures », *Économie et Statistique*, n° 363-364-365, 2003.

DEBONNEUIL M. et FONTAGNÉ L., « Compétitivité », *Rapport du CAE*, n° 40, La Documentation française, Paris, 2003.

DIRECTION DE LA PRÉVISION DU MINISTÈRE DE L'ÉCONOMIE ET DES FINANCES, « Compétitivité et attractivité de l'économie française », *Analyses économiques*, n° 36, avril 2004.

LOISEAU H., « 1985-2000 : quinze années de mutation du secteur public d'entreprises », *INSEE Première*, n° 860, juillet 2002.

OFCE, *L'Industrie manufacturière française*, La Découverte, « Repères », Paris, 2010.

SERVANT F., « La détention par les non-résidents des actions des sociétés françaises du CAC 40 à fin 2008 », *Bulletin de la Banque de France*, n° 176, 2e trimestre 2009.

## III/ La crise des dettes publiques de la zone euro

*Catherine Mathieu et Henri Sterdyniak*

La crise des années 2008-2009 est d'abord une crise bancaire et financière, provoquée par des innovations hasardeuses, dans un contexte de libéralisation et de globalisation financières non contrôlées. Les marchés financiers se sont révélés avides, aveugles et instables. La crise s'explique aussi par l'explosion de la masse des capitaux cherchant à se placer, en provenance des pays suivant des stratégies néomercantilistes en accumulant des excédents extérieurs (Chine, Allemagne, pays scandinaves), des pays producteurs de matières premières, des fonds de pension et des classes riches des pays développés et émergents. Enfin, les politiques monétaires ont laissé gonfler l'endettement privé et les bulles financières et immobilières, ce qui permettait de soutenir la croissance sans distribuer de salaires ou de revenus sociaux.

La crise ne provient pas de la hausse des dettes et des déficits publics. En 2007, le solde public de l'ensemble des pays de l'OCDE ne présentait qu'un déficit de 1,3 % du PIB. La crise a cependant provoqué une forte dégradation des finances publiques, en raison du soutien aux banques, de la baisse des recettes fiscales induite par la chute de l'activité, enfin du fait des politiques de soutien de l'activité. Pour les marchés financiers et les institutions internationales, la question essentielle est devenue celle des déficits et des dettes publics. La question se pose avec acuité dans la zone euro, où les règles instaurées par le traité de Maastricht n'ont pas fonctionné. À partir de la fin 2008, les marchés financiers ont spéculé sur l'éclatement de la zone. La crise financière s'est prolongée en une crise des dettes publiques de la zone euro.

## Les problèmes de la zone euro avant la crise

En 2007, avant la crise financière, les pays de la zone euro, pris globalement, n'avaient pas de problème de soutenabilité de leurs finances publiques. Le déficit public de la zone (0,6 point du PIB) était nettement inférieur au niveau de 1,6 point qui suffit à garantir la stabilité de la dette nette à 40 % du PIB pour une croissance de 4 % l'an du PIB en valeur. Par contre, la zone souffrait d'une croissance des disparités entre les pays du Nord (Allemagne, Autriche, Pays-Bas, pays scandinaves) qui pratiquaient des politiques salariales restrictives, qui engrangeaient des gains de compétitivité et accumulaient des excédents extérieurs et les pays du Sud (Espagne, Grèce, Portugal) dont la croissance étaient soutenue par des taux d'intérêt très bas par rapport au taux de croissance, qui accumulaient des pertes de compétitivité et de forts déficits extérieurs. En Espagne comme en Irlande, la croissance était impulsée par la bulle immobilière.

L'organisation de la politique économique de la zone s'est révélée insatisfaisante. Une politique monétaire commune, appliquée à des pays dont les taux de croissance et d'inflation diffèrent, entraîne le creusement des disparités. Le Pacte de stabilité et de croissance (PSC) impose des normes rigides sans fondements économiques (les limites de 3 % du PIB pour le déficit ou de 60 % du PIB pour la dette, l'objectif d'équilibre du solde public à moyen terme). La Commission s'accroche au respect formel du PSC, n'organise pas une réelle coordination des politiques macroéconomiques, tenant compte des situations de chaque pays. Elle ne critique pas les pays dont la stratégie de recherche de la compétitivité par l'austérité salariale pèse sur la croissance de la zone. Elle n'impulse pas de stratégie de croissance, mais cherche à imposer des réformes libérales (dérégulation des marchés des biens, des marchés financiers, des marchés du travail, baisse des dépenses publiques et des impôts) qui se heurtent souvent aux volontés des peuples, qui ne donnent pas de résultat probant et que la crise a décrédibilisées.

Durant les années 1999-2007, la croissance de la zone euro a été relativement faible : 2,2 % l'an contre 2,9 % aux États-Unis et 2,8 % au Royaume-Uni. Le taux d'intérêt était égal au taux de croissance nominal. L'inflation était faible (2,2 % sur la période). La part des salaires dans la valeur ajoutée a diminué de

2,3 points. La zone connaissait un excédent extérieur (0,5 % du PIB en 2007) alors que le taux de chômage restait élevé (7,5 % en 2007). Rien n'indique que les politiques budgétaires auraient été trop expansionnistes.

## Les politiques budgétaires durant la crise

La crise a provoqué une forte hausse des déficits et des dettes publics (tableau 1). Pour la zone euro, prise globalement, le déficit public passerait de 0,6 % du PIB en 2007 à 6,6 % en 2010, le creusement étant particulièrement fort pour les pays les plus frappés par la crise : Irlande (de 0,1 % en 2007 à – 14,3 % en 2009) ; Espagne (de 1,9 % en 2007 à – 11,2 % en 2009) ; Grèce (de – 5,1 % en 2007 à – 13,9 % en 2009) ; Finlande (de 5,2 % en 2007 à – 3,8 % en 2010). La dette publique devrait atteindre des niveaux sans précédent depuis cinquante ans.

Tableau 1. **Les finances publiques avant et après la crise**
En % du PIB

| | Solde public | | Dette publique | |
|---|---|---|---|---|
| | 2007 | 2010[1] | 2007 | 2010[1] |
| Zone euro | – 0,6 | – 6,6 | 43 | 58 |
| Allemagne | 0,2 | – 5,0 | 43 | 55 |
| France | – 2,7 | – 8,0 | 34 | 61 |
| Italie | – 1,5 | – 5,3 | 87 | 101 |
| Espagne | 1,9 | – 9,8 | 19 | 42 |
| Royaume-Uni | – 2,8 | – 12,0 | 29 | 59 |
| États-Unis | – 2,7 | – 10,0 | 42 | 65 |
| Japon | – 2,5 | – 6,7 | 80 | 105 |

1. Prévisions.
*Source* : Commission européenne, *European Economic Forecast*, printemps 2010.

Peut-on faire la part dans le creusement des déficits de ce qui relève du conjoncturel et du structurel (tableau 2) ? Selon la Commission, la crise aurait provoqué une forte baisse de la croissance potentielle. La Commission a révisé ses estimations, même pour la période d'avant la crise, faisant passer l'écart de production de la zone euro pour 2007 de – 0,2 % à + 2,5 % ; la croissance potentielle de la zone ne serait plus que de 0,9 % par an en moyenne de 2008 à 2010 au lieu de 2,1 %. Le déficit public structurel de la zone aurait été de 1,9 % du PIB en 2007 et atteindrait 5,1 % du PIB en 2010. Combler ce déficit nécessiterait donc un effort de 5 points de PIB. Mais comment justifier cet abaissement de la croissance potentielle ? La notion de croissance potentielle perd tout sens si effectivement elle dépend de la croissance réalisée.

Selon nous, la crise n'a guère modifié le niveau de la croissance potentielle. Le solde public a été affecté par des mesures temporaires de soutien de l'activité et par la surréaction des recettes fiscales. Au total, l'impulsion budgétaire dans la zone euro n'aura été que de 1,1% du PIB de 2007 à 2009 et le solde structurel primaire reste excédentaire d'environ 1,9 point de PIB en 2010. Il n'est donc pas nécessaire d'entreprendre des politiques budgétaires restrictives ; la priorité doit être, au contraire, de regagner les 9 points de PIB perdus pendant la crise. Se résigner à leur perte signifierait que la zone euro accepte de conserver un taux élevé de chômage, renonce à augmenter les taux d'activité des femmes et des seniors.

Tableau 2. **Solde public et solde structurel de la zone euro**

| | 2007 | 2008 | 2009 | 2010[1] | 2011[1] |
|---|---|---|---|---|---|
| Solde public | – 0,6 | – 2,0 | – 6,3 | – 6,6 | – 6,1 |
| Charges d'intérêt nettes | 2,6 | 2,6 | 2,7 | 2,8 | 3,0 |
| PIB[2] | 2,8 | 0,6 | – 4,1 | 0,9 | 1,5 |
| **Évaluation de la Commission** | | | | | |
| PIB potentiel[2] | 1,9 | 1,3 | 0,8 | 0,9 | 1,0 |
| Écart de production | 2,5 | 1,8 | – 3,1 | – 3,1 | – 2,6 |
| Solde public structurel | – 1,9 | – 2,9 | – 4,8 | – 5,1 | – 4,8 |
| **Notre évaluation** | | | | | |
| PIB potentiel[2] | 2,1 | 2,1 | 2,1 | 2,1 | 2,1 |
| Écart de production | – 0,2 | – 1,7 | – 7,9 | – 9,1 | – 9,7 |
| Mesures de soutien | | 0,2 | 1,3 | 0,8 | 0 |
| Surréaction des impôts | | | 0,7 | 0,4 | 0 |
| Impulsion budgétaire cumulée | | 0,7 | 1,1 | 1,0 | 0,4 |
| Solde public structurel primaire | 2,1 | 1,6 | 2,1 | 1,9 | 1,7 |

1. En % du PIB sauf. 2. En taux de croissance.

## Quelles stratégies de sortie de crise ?

Pendant la crise, le FMI, l'OCDE et la Commission avaient incité des gouvernements à entreprendre de vastes programmes de soutien budgétaire. Maintenant, ces institutions internationales incitent les gouvernements à entreprendre des politiques restrictives, alors que la croissance n'est pas revenue dans la zone euro. Comment une politique restrictive généralisée n'aurait pas des effets catastrophiques sur la croissance ?

Les pays devraient revenir au niveau de dette publique d'avant la crise car un niveau élevé de dette induirait un niveau élevé de taux d'intérêt qui évincerait l'investissement et nuirait à la croissance. Mais les ménages souhaitent détenir un niveau plus élevé de dette publique car ils ont besoin d'actifs pour financer leur retraite et les actions se sont révélées un placement trop risqué. Le fort gonflement des dettes publiques dans la crise ne s'est pas accompagné d'une hausse des taux d'intérêt ; au contraire, les taux courts sont très bas et les taux longs de l'ordre du taux de croissance. Un déficit public qui soutient la croissance, avec des taux d'intérêt les plus bas possible, ne peut être accusé d'évincer l'investissement.

Le FMI demande aux pays développés d'entreprendre des politiques restrictives de 0,8 point de PIB supplémentaire chaque année, sans discuter les implications de cette stratégie sur l'activité. Si le multiplicateur d'une relance généralisée est de 2, ceci signifie que la croissance sera réduite de 1,6 point par an, les soldes publics ne seront pas améliorés (puisque la baisse d'activité réduira les recettes fiscales), les ratios de dette augmenteront du fait du ralentissement économique. Cette politique serait indispensable pour rassurer les marchés, mais une politique qui aboutirait à une longue période de dépression est-elle rassurante ?

Les organisations internationales demandent que l'ajustement se fasse par la baisse des dépenses publiques plutôt que par la hausse des impôts, sans comparer l'utilité sociale des dépenses publiques et des dépenses des contribuables frappés par la hausse des impôts, sans tenir compte de leurs impacts sur la demande. Elles réclament la mise en place de règles budgétaires, de comités indépendants de politique budgétaire. Pourtant, la crise a bien montré que la politique budgétaire ne peut obéir à des règles et doit être pilotée par un pouvoir politique déterminé et courageux, ce que ne sera jamais un comité d'experts.

## L'Europe dans la crise de la dette

À partir de la fin 2008, les marchés financiers ont commencé à spéculer sur les dettes des pays européens. Globalement, la forte hausse des dettes et des déficits publics à l'échelle mondiale n'a pas entraîné de hausses des taux longs, les marchés estimant que les taux monétaires resteront longtemps bas, qu'il n'y a pas de risque d'inflation ou de surchauffe. Mais les marchés se sont rendu compte d'une faille dans l'organisation de la zone euro. Alors que les gouvernements des autres pays développés ne peuvent pas faire faillite car ils peuvent toujours être financés par leur banque centrale, les pays de la zone euro ont renoncé à cette possibilité. Du coup, la spéculation a pu se déclencher sur les pays les plus fragiles de la zone : Grèce, Espagne, Irlande, ceux qui avaient connu une forte croissance avant la crise, mais qui devaient changer leur modèle de croissance.

Cette spéculation a été facilitée par le développement du marché des CDS, qui permet de spéculer sur les dettes publiques et privées et par les agences de notation, qui ont déclaré risquées les dettes des pays du Sud de la zone alors même qu'aucun pays développé n'a fait défaut sur sa dette depuis la Seconde Guerre mondiale. Ainsi, en avril 2010, alors que l'Allemagne s'endettait à 3,05 % pour dix ans, la France à 3,4 %, l'Espagne et l'Italie devaient payer 3,9 %, le Portugal et l'Irlande 4,9 %, la Grèce 8,7 %, les marchés financiers refusant de renoncer à un scénario d'éclatement de la zone euro, en imaginant que les mesures d'austérité vont entraîner une faible croissance et des troubles sociaux, de sorte que les pays du Sud vont préférer quitter la zone.

Le jeu des marchés financiers risque de paralyser complètement la politique budgétaire. Jadis, quand un pays avait une demande trop faible, la banque centrale diminuait au maximum son taux d'intérêt ; l'État augmentait son déficit ; le bas niveau des taux d'intérêt évitait que la dette publique n'augmente trop ; la méfiance des marchés se traduisait par une baisse du taux de change, donc des gains de compétitivité qui contribuaient à soutenir l'activité. Le risque est que demain, un pays de la zone euro ne puisse plus augmenter son déficit, de crainte que les marchés ne provoquent une hausse des taux d'intérêt, sous prétexte de prime de risque. On ne peut laisser les marchés financiers spéculer sur la faillite des États. Aussi, le risque de faillite des États doit-il être nul : la banque centrale doit toujours avoir l'obligation de financer les États, même dans la zone euro.

Les instances européennes et les pays membres ont tardé à réagir, ne voulant pas donner l'impression que les pays membres avaient droit à l'aide automatique de leurs partenaires et voulant sanctionner la Grèce, coupable de n'avoir pas respecté le Pacte. Toutefois, en mai, ils ont indiqué aux marchés qu'ils apportaient un soutien sans limite, d'abord à la Grèce (le 2 mai, la BCE annonce qu'elle achètera des titres grecs, le 3 mai l'UE et le FMI ouvrent des crédits pouvant atteindre 110 milliards d'euros) puis à tous les pays menacés (par la création d'un Fonds pouvant mobiliser 750 milliards d'euros). En contrepartie, les pays menacés ont dû annoncer des programmes d'austérité budgétaire sans précédent, qui vont les condamner à un fort recul de l'activité et à une longue période de récession.

Cet épisode renforce le poids des partisans des politiques budgétaires automatiques et restrictives en Europe. La crise grecque permet de faire oublier la crise financière. Les pays qui ont accepté de soutenir financièrement les pays du Sud veulent imposer en contrepartie un respect scrupuleux des règles du PSC, même si l'expérience a montré qu'elles sont inappropriées et inapplicables. La Commission et l'Allemagne veulent imposer à tous les pays membres d'inscrire un objectif de budget équilibré dans leur Constitution, de faire surveiller leur politique budgétaire par des comités d'experts indépendants. La Commission veut imposer aux pays membres une longue cure d'austérité pour revenir à une dette publique inférieure à 60 % du PIB.

La politique budgétaire risque de devenir fortement restrictive dans la zone euro à partir de 2011. Sous la pression des marchés, qui n'acceptent de leur prêter qu'à des taux prohibitifs, certains pays (Grèce, Espagne, Portugal, Irlande) sont obligés d'annoncer des efforts budgétaires de l'ordre de 4 points de PIB. Les autres, pressés par la Commission de rentrer dans les clous du PSC, craignant de voir leur dette déclassée par les agences de notation, se résignent à faire des efforts de l'ordre de 1,5 point de PIB. Pourtant, globalement, la demande est insuffisante en Europe. La situation des finances publiques de la zone est meilleure que celle des États-Unis ou du Royaume-Uni. Les pays du Nord de l'Europe auraient dû entreprendre des politiques expansionnistes pour compenser les politiques restrictives des pays du Sud. Globalement, la politique budgétaire ne devrait pas être restrictive dans la zone euro, tant que l'économie européenne ne se rapproche pas à une vitesse satisfaisante du plein-emploi. Certes, divers économistes ont mis en évidence dans le passé des épisodes où une politique budgétaire restrictive n'a pas eu d'effet défavorable sur l'activité, mais cette politique était accompagnée d'une forte dépréciation du taux de change, d'une forte baisse des taux d'intérêt, de l'essor du crédit privé dû à la libéralisation financière, d'un essor de la demande privée qui sont peu probables aujourd'hui. Une fois encore, l'Europe risque d'être incapable de définir et de mettre en œuvre une stratégie de croissance et de connaître une longue période de croissance médiocre et de chômage de masse.

Les classes dominantes et les technocraties européennes essayent de mettre en œuvre la « stratégie du choc », profiter d'une crise pour imposer des réformes libérales :

— la crise va permettre d'imposer de fortes réductions des dépenses sociales (retraites, santé), ce qui est l'objectif permanent de la Commission, au risque de compromettre la cohésion sociale, de peser sur la demande, d'obliger les ménages épargner pour leur retraite et leur santé auprès des institutions financières, responsables de la crise ;

— la diminution les dépenses publiques va compromettre l'effort nécessaire pour soutenir les dépenses d'avenir (recherche, éducation, politique familiale), pour aider l'industrie européenne à se maintenir et à se redéployer dans les secteurs d'avenir (économie verte) ;

— les pays européens vont être contraints d'instaurer durablement des politiques budgétaires restrictives qui vont lourdement peser sur la croissance. Les recettes fiscales vont chuter ; les soldes publics ne seront guère améliorés ; les ratios de dette seront dégradés ; les marchés ne seront pas *rassurés* ;

— le renforcement du PSC, l'introduction de règles budgétaires dans les législations nationales, le poids des marchés financiers risquent d'interdire à l'avenir toute politique budgétaire active.

Au contraire, la stratégie de sortie de crise devrait comporter le maintien de bas taux d'intérêt et des déficits publics, tant qu'ils seront nécessaires pour soutenir l'activité, ainsi que la remise en cause de la globalisation financière et des stratégies des pays néo-mercantilistes comme des pays libéraux. Si les déficits publics doivent être réduits, ce devrait être en augmentant la taxation des revenus financiers, des plus-values, des hauts revenus dont le gonflement est une des causes de la crise. La stabilité économique mondiale n'est pas menacée par les déséquilibres des finances publiques, mais par le gonflement des activités financières spéculatives et l'absence de gouvernance économique mondiale.

## IV/ Quel impact de la crise sur la pauvreté ?[1]

*Guillaume Allègre et Marion Cochard*

La crise économique et financière débutée en 2008 a considérablement dégradé la situation du marché du travail français, avec des destructions d'emplois et une montée du chômage extrêmement brutales. Nous entrons aujourd'hui dans une phase de chômage durablement élevé, dont nous analysons ici les effets en termes sociaux. Nous étudions en particulier l'impact de la crise sur la pauvreté à l'horizon 2011 à travers ses effets sur le marché du travail. Cet angle est original dans la mesure où les crises économiques sont le plus souvent analysées en termes macroéconomiques : quel est l'impact sur la croissance, les taux d'emploi et de chômage, les déficits publics ? Or les crises ont également des effets sur la distribution des revenus et donc sur la pauvreté. La difficulté consiste à relier les aspects macroéconomiques de la crise au niveau microéconomique auquel se réfère la notion de pauvreté. Nous nous fondons sur un concept relatif de pauvreté monétaire : sont pauvres les individus qui vivent dans des ménages dont le niveau de vie est inférieur au seuil de pauvreté fixé à 60 % de la médiane des niveaux de vie. La prévision d'un taux de pauvreté nécessite alors d'estimer la distribution des niveaux de vie de l'ensemble des ménages. Pour cet exercice, nous raisonnons à politique sociale et fiscale constante. Les transferts sociaux et

1. Cette partie est tirée d'une étude réalisée pour l'ONPES par Guillaume Allègre, Marion Cochard, Éric Heyer, Mathieu Plane et Xavier Timbeau. Pour une description plus complète de notre démarche, voir G. Allègre *et al.* [2010].

fiscaux ont assurément des effets importants sur la pauvreté. Nous les considérons constants car, premièrement, il est difficile de les prévoir et, deuxièmement, nous voulons isoler les effets de chocs sur le marché du travail des évolutions sociales et fiscales.

Notre estimation de l'impact de la crise sur la pauvreté comporte quatre étapes. La première est une prévision macroéconomique à l'horizon 2011 pour l'économie française, présentée dans la première partie de cet ouvrage (« La situation conjoncturelle : en attendant la reprise »). Cette prévision nous renseigne notamment sur l'emploi et le chômage agrégé. La deuxième étape s'appuie sur cette projection afin d'effectuer une prévision détaillée du marché du travail, où nous ventilons nos prévisions de chômage par ancienneté. Dans la troisième étape, nous utilisons cette prévision détaillée du marché du travail afin de vieillir notre échantillon. Enfin, dans une quatrième étape, nous utilisons un modèle de microsimulation socio-fiscal pour estimer le niveau de vie des ménages.

Nous décrivons ici les deux étapes déterminantes de notre démarche : d'abord, le modèle d'entrée-sortie du chômage, puis le vieillissement de la population par calage sur marge.

## Prévision détaillée du marché du travail

Afin d'évaluer l'impact du retournement conjoncturel sur le chômage de longue durée et le niveau d'indemnisation du chômage, nous avons élaboré des prévisions de chômage par ancienneté à horizon 2012, à l'aide d'un modèle entrées-sorties.

Ce modèle s'appuie sur les données mensuelles de demandeurs d'emplois en fin de mois (DEFM) de la DARES, qui fournissent en particuliers les flux d'entrées et de sorties à Pôle emploi, ainsi que les stocks de demandeurs d'emploi par ancienneté. Ces données concernent les demandeurs d'emploi en catégories A, B et C. L'ancienneté des demandeurs d'emploi y est regroupée en six catégories : moins de 3 mois, 3 à 6 mois, 6 à 12 mois, 1 à 2 ans, 2 à 3 ans et 3 ans et plus.

Le modèle entrées-sorties repose sur le scénario central présenté dans la première partie de cet ouvrage. Il prévoit la poursuite de la dégradation du marché du travail au cours de l'année 2010 et une stabilisation du chômage à 10,6 % de la population active en 2011. C'est sur la base de cette prévision de chômage BIT que nous établissons des projections de flux d'entrées et de sorties en catégories A, B et C, selon la logique suivante :

— les projections de chômage du scénario central portent sur les chômeurs au sens du BIT, dont le champ est proche de celui de la catégorie A, et exclut donc les demandeurs d'emploi en activité réduite compris dans les catégories B et C. Cependant, les données passées indiquent que les variations du nombre de demandeurs d'emploi des différentes catégories présentent de fortes corrélations. On construit une prévision du nombre de demandeurs d'emplois (stock) en catégories A, B et C sur la base de ces corrélations et à partir du scénario central de chômage BIT ;

— les flux d'entrées sont également fortement corrélés aux variations du stock de demandeurs d'emploi, ce qui permet d'établir une prévision du nombre d'entrées en catégories A, B et C ;

— de la même manière, le taux de sortie du chômage global (mesuré comme le rapport du nombre de sorties à la date t au stock à la date t-1) a été modélisé sur la base de sa forte corrélation avec le stock de demandeurs d'emploi. Cependant les probabilités de sortie du chômage diffèrent fortement selon l'ancienneté du demandeur d'emploi. Les chômeurs de longue durée présentent ainsi une probabilité de sortie beaucoup plus faible que les chômeurs d'ancienneté de moins de 3 mois. Nous avons donc appliqué des transformations linéaires au taux de sortie global, calibrées sur les observations passées, de manière à établir des taux de sortie par ancienneté cohérents avec l'évolution observée des stocks. Sur la base de ces mêmes transformations et de la projection de taux de sortie global, nous avons déduit des prévisions de taux de sortie pour les différentes anciennetés des demandeurs d'emploi ;

— ces prévisions mensuelles d'entrées et de sorties des catégories A, B et C nous permettent de déduire l'évolution mensuelle du nombre de demandeurs d'emplois pour les différentes catégories d'ancienneté.

Ces projections sont illustrées dans le graphique 1. Elles mettent en évidence la hausse sensible et progressive de l'ancienneté au chômage à l'horizon 2011. La phase de destructions massives d'emplois s'est traduite par une hausse immédiate du nombre de chômeurs de très courte durée, mais qui atteint son maximum dès avril 2009. Cet afflux de nouveaux chômeurs a ainsi fait baisser l'ancienneté moyenne au chômage de 411 à 384 jours entre le début de l'année 2008 et mai 2009. La situation du marché du travail demeurant ensuite très dégradée, le nombre d'entrées au

Graphique 1. **DEFM en catégories A, B et C, par ancienneté**
En milliers

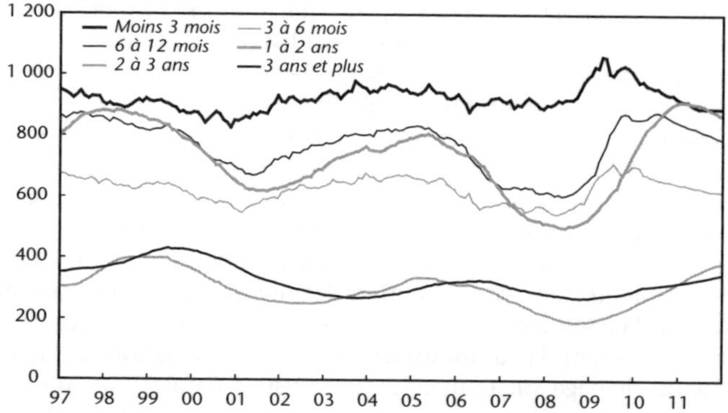


*Sources* : DARES, DEFM, prévisions OFCE.

chômage se stabilise à sa moyenne de long terme, mais les sorties demeurent peu nombreuses. Les flux de demandeurs d'emploi entrés à Pôle emploi lors du pic de la crise se reportent donc progressivement vers les catégories de chômeurs de plus longue durée. Donc un contexte de stabilisation du chômage à haut niveau, le nombre de chômeurs de très longue durée ne cessera d'augmenter jusqu'à la fin 2011 (et au-delà de notre prévision), illustrant les conséquences du phénomène d'hystérèse sur le marché du travail.

## Impact sur la pauvreté des ménages

Le lien entre les prévisions macroéconomiques d'emploi et de chômage et le niveau microéconomique auquel se mesure la pauvreté est un exercice non seulement difficile mais également rarement mené. L'estimation d'un taux de pauvreté nécessite d'évaluer les effets de la crise sur la répartition des revenus au niveau des ménages. En France, la distribution des revenus et du niveau de vie des ménages est appréhendée par l'enquête Revenus fiscaux (ERF) construite par l'INSEE [2008]. L'ERF est l'appariement d'un échantillon de l'enquête Emploi et de déclarations fiscales. L'enquête a l'avantage de fournir des informations précises sur l'ensemble des revenus des ménages ainsi que sur le statut dans l'emploi ou le chômage de tous les membres du ménage. Cela permet donc d'appréhender les liens entre emploi, niveau de vie et pauvreté. Nous utilisons la dernière enquête qui nous est disponible, soit celle de 2003. L'enquête apparie les individus questionnés au titre du quatrième trimestre 2003 de l'enquête Emploi et leurs déclarations d'impôt sur le revenu 2003.

Nous utilisons une approche relative de la pauvreté, selon laquelle le seuil de pauvreté est déterminé en fonction de la distribution des niveaux de vie dans la population. Par conséquent, une élévation générale, ou une baisse générale, du niveau de vie des ménages n'a pas d'effet sur le taux de pauvreté. Seuls des changements dans la distribution des niveaux de vie ont un impact sur la pauvreté. Les deux déterminants les plus importants de la pauvreté sont la composition familiale et la situation des membres du ménage sur le marché du travail. L'emploi joue un rôle important dans l'entrée ou la sortie de la pauvreté. Si le phénomène de pauvreté dans l'emploi existe, une des principales causes de la pauvreté demeure la faiblesse des revenus d'activité liée au chômage, l'autre déterminant principal étant un nombre important de personnes à charge. Par conséquent, l'impact de la crise sur la pauvreté devrait passer principalement par le canal de l'emploi. Il est en effet peu probable que la crise ait des effets importants sur les compositions familiales. Afin de mesurer l'impact de la crise sur la pauvreté, nous prenons donc le parti de raisonner à structures familiales constantes et de mesurer un impact qui provient essentiellement de la situation des individus sur le marché de l'emploi et notamment de leur statut dans l'emploi, l'inactivité ou le chômage. Nous tenons compte de l'évolution de l'emploi par secteur et des variations d'ancienneté de chômage, variable déterminante pour expliquer son indemnisation ou non. Le canal du chômage et de son indemnisation explique sans doute la majeure partie des variations de pauvreté dues à la crise. Les autres canaux qui lient crise et pauvreté sont ici négligés. En particulier, nous négligeons le canal du salaire et cela pour deux raisons : si la crise devrait avoir des effets sur les évolutions de salaire, il est difficile d'estimer un impact sur la distribution des salaires, déterminante pour le calcul de la pauvreté. De plus, comparé aux variations de revenus engendrées par les transitions entre emploi, chômage et inactivité, l'effet des variations de taux salariaux devrait être faible. Les variations de durée du travail, et notamment l'incidence des situations de temps partiel subi, pourraient avoir un effet plus important sur les situations de pauvreté. Mais, faute d'information nous permettant d'estimer la distribution de ces variations, nous ne prenons pas en compte cette dimension.

La pauvreté étant définie au niveau du ménage, les variations de taux de pauvreté seront en partie déterminées par la corrélation des situations individuelles au sein des ménages et donc par la répartition des emplois entre les ménages. Des pertes d'emploi se concentrant sur les conjoints d'un même ménage n'auront des effets différents sur la pauvreté que si les pertes sont réparties sur de plus nombreux ménages. Les effets sur la pauvreté dépendent également de la position des ménages dans la distribution des revenus : plus les ménages touchés par les pertes d'emploi seront proches du seuil de pauvreté, plus l'impact du chômage sur la pauvreté sera élevé.

En pratique, dans un premier temps, nous vieillissons notre échantillon issu de l'ERF 2003 afin de prendre en compte l'évolution démographique et économique réellement constatée au niveau microéconomique entre 2003 et 2007 selon une méthode de repondération des ménages de l'enquête. Nous utilisons pour cela la procédure de calage sur marge CALMAR, développée à l'INSEE [Sautory, 1993]. La méthode consiste à remplacer les pondérations initiales des ménages par des poids de calage aussi proches que possible des pondérations initiales de sorte que les effectifs et totaux pondérés respectent les effectifs et totaux connus sur la population. Nous vieillissons ensuite notre échantillon entre 2007 et 2011 pour prendre en compte les évolutions macroéconomiques estimées à fin 2011 : évolutions du nombre d'employés par secteur d'activité, du nombre de chômeurs par ancienneté dans le chômage et du nombre d'individus dans la population par sexe et âge.

Cette méthode de vieillissement ne modélise pas explicitement les transitions entre emploi et chômage au niveau microéconomique puisque les entrées et sorties de l'emploi sont modélisées au niveau macroéconomique. L'avantage de cette approche est de limiter le nombre d'hypothèses à effectuer, notamment en ce qui concerne la probabilité d'être au chômage indemnisé selon l'ancienneté de chômage, les transitions infra-annuelles entre emploi, chômage indemnisé et chômage non indemnisé, ainsi que les corrélations d'emploi au sein des ménages. L'inconvénient est que l'image de la pauvreté projetée par cette méthode ressemble trop à l'ancienne.

Après le vieillissement de l'échantillon, la dernière étape consiste à appliquer les nouveaux barèmes sociaux et fiscaux. Nous utilisons pour cela le modèle de microsimulation MiSME et les règles socio-fiscales qui prévalaient au 1er juillet 2009 et faisons l'hypothèse de travail que les politiques sociales et fiscales sont constantes entre 2007 et fin 2011.

Tableau 1. **Évolution du chômage et de la pauvreté**
En milliers

| | **Calage 2007** | **Estimation 2011** | **Variation** |
|---|---|---|---|
| Chômeurs BIT | 2 215 | 2 920 | 705 |
| Nombre de pauvres | 7 553 | 7 850 | 297 |
| *Taux de pauvreté* | *12,5 %* | *1,9 %* | *0,4 %* |
| *— des chômeurs* | *33,9 %* | *35,3 %* | *1,4 %* |
| *— en emploi* | *6,8 %* | *6,6 %* | *– 0,2 %* |

*Source :* calculs des auteurs.

Le fait pour un ménage d'être pauvre ou non et le taux de pauvreté dans la population sont sensibles aux variations du seuil de pauvreté défini par rapport à la médiane de niveau de vie. Le fait d'être pauvre dépend donc à la fois de sa propre situation, de la situation des autres membres de son ménage et de la situation du reste de la population. Le tableau 1 résume nos prévisions de pauvreté pour la population et par statut d'activité pour fin 2011 compte tenu des modifications sur le marché du travail entre 2007 et fin 2011. Le nombre de chômeurs (au sens du BIT) progresse significativement (+ 705 000) et le taux de pauvreté des chômeurs croît légèrement. Par conséquent, le nombre de chômeurs pauvres augmente également significativement (+ 211 000). Les personnes qui deviennent pauvres du fait du chômage entraînent tout leur ménage dans la pauvreté. Mais d'autre part, la situation relative des personnes en emploi s'améliore : leur taux de pauvreté recule du fait de la baisse du seuil de pauvreté. Au final, le nombre de pauvres augmente de 297 000 entre 2007 et fin 2011, soit une augmentation de 42 pauvres pour 100 chômeurs supplémentaires.

## Repères bibliographiques

ALLÈGRE G., COCHARD M., HEYER E., PLANE M. et TIMBEAU X., « Impact de la crise sur la pauvreté », *Les Travaux de l'Observatoire 2009-2010*, Observatoire national de la pauvreté et de l'exclusion sociale, 2010.

INSEE, « Enquête Revenus fiscaux », *Sources et Méthodes*, 2008, www.insee.fr/fr/methodes/sources/pdf/]methodologie_ERF.pdf

SAUTORY O., « La macro CALMAR. Redressement d'un échantillon par calage sur marges », *Document de travail de la Direction des statistiques démographiques et sociales*, n° F 9310, 1993.

# V/ Croissance et dette publique en 2030 ?[1]

*Éric Heyer, Mathieu Plane et Xavier Timbeau*

Comme dans la plupart des pays développés, l'impact économique de la crise bancaire et financière est considérable en France : une diminution brutale du PIB par habitant que les évolutions récentes stabilisent mais ne comblent pas. La crise laisse en outre des déficits publics très importants, dus à la fois aux mesures délibérées pour lutter contre la spirale dépressive (plans de relance entre autres) mais aussi à l'impact de la réduction d'activité sur les recettes fiscales et au gonflement des dépenses sociales (chômage, pauvreté). Le relais de l'endettement public au désendettement des agents privés a permis de limiter la contraction de l'activité, au prix de la dégradation des comptes publics. Le déficit public français atteindra 8,0 % en 2010 et la dette au sens de Maastricht des administrations publiques (APU) 83,5 % du PIB soit près de 20 points de PIB de plus qu'en 2007.

Dans ce contexte, le choix d'une stratégie de sortie de la crise est critique. Réduire rapidement les déficits publics limiterait l'évolution de la dette des APU. L'impact de cette réduction rapide du déficit sur la croissance serait dramatique, symétrique de la limitation de la récession par le creusement des déficits publics. La réduction d'activité rendrait plus difficile la réduction de la dette publique en points de PIB et aurait comme effet joint un haut niveau de chômage pendant plusieurs années. Cette réduction du déficit public diminuerait ainsi la charge

1. Ce chapitre s'inspire de Éric Heyer, Mathieu Plane et Xavier Timbeau [2010].

future par la moindre augmentation de la dette des APU, mais reporterait sur le chômage le prix à payer.

En dégradant les bilans déjà fragiles d'entreprises ou de banques, les effets à court terme pourraient être considérables d'autant que les stratégies nationales ont de grandes chances d'être identiques d'un pays à l'autre et donc de voir leurs effets récessifs se multiplier. Une activité réduite pendant quelques années pourrait également avoir des conséquences de long terme sur la trajectoire de croissance potentielle, soit par l'hystérèse du marché du travail, soit par le biais de canaux indirects (R&D, infrastructures, etc.).

Le plus sage serait donc d'attendre que l'économie ait retrouvé sa trajectoire de croissance antérieure pour s'engager dans une politique de rééquilibrage des finances publiques, définie par exemple par la stabilité du ratio dette publique sur PIB. Mais la trajectoire de croissance que les économies développées ont abandonnée au début de l'année 2008, à la suite du déclenchement de la crise, a pu être une trajectoire globalement non soutenable. En reposant sur un mécanisme de valorisation des actifs alimenté par des bulles spéculatives, un accroissement des leviers d'endettement (privés), des déséquilibres macroéconomiques globaux ou internes [Blot et Timbeau, 2009], la croissance mondiale observée au cours des dernières années pourrait être une trajectoire que l'on ne peut ni ne veut reproduire. La France étant insérée dans l'économie mondiale, tout comme l'Europe, le fait de ne pas être le principal lieu où se développent les déséquilibres ou les bulles ne met pas à l'abri d'une réduction du niveau d'activité après l'éclatement des bulles. Bien qu'ils ne soient pas quantifiables, ces arguments justifient d'anticiper une réduction durable de la trajectoire de croissance.

Il est difficile à ce stade de trancher entre un scénario d'une trajectoire de croissance où la crise n'aurait pas d'effets à long terme sur l'activité et celui d'une trace durable. Pourtant, ces scénarios ont des implications radicalement différentes : une trajectoire de croissance de moyen terme plus basse impose d'ajuster les finances publiques que ce soit par un taux de prélèvements obligatoires (PO) plus élevé ou par une réduction de la part des dépenses publiques dans le PIB. Plus cette trajectoire est basse, plus l'ajustement sera difficile à conduire et plus il faudra de temps pour retrouver l'équilibre des finances publiques, ce qui induira une hausse de la dette publique.

Bien sûr, un retour à la trajectoire initiale qui prévalait jusqu'au début de l'année 2008, dispenserait en partie de l'ajustement. Mais, même dans le cas de cette heureuse surprise, l'impact de la crise sur les finances publiques ne sera pas neutre : le niveau de la dette publique accumulée du fait des déficits des années de 2008 jusqu'à la stabilisation des finances publiques. Vouloir la réduire à un certain horizon demandera d'autres réductions de dépenses publiques ou hausses de PO que celles nécessitées par la stabilisation. Dans notre première simulation (scénario gris) la dette publique augmente d'environ 40 points de PIB par rapport à 2007 avant de se stabiliser. Réduire en dix ans cette dette demanderait approximativement un excédent primaire de 4 points de PIB pendant dix ans, effort considérable qui impliquerait des choix douloureux, arbitraires et probablement contre-productifs pour assurer un résultat qui somme toute ne se justifie que si l'on pense que la crise que l'on vient de vivre est un événement récurrent et qu'il faut provisionner pour faire face aux conséquences d'une réplique à venir.

## Conception générale de l'exercice

Le but de cet exercice est d'obtenir des indications quant aux scénarios possibles d'évolution des finances publiques en général et de la dette publique en particulier. Cette projection de l'économie française à l'horizon 2030 a été réalisée à l'aide du modèle de simulation de l'économie française de l'OFCE (e-mod.fr). Son approche est essentiellement macroéconomique. Les simulations affichées pour les années 2009 et 2010 reprennent dans les grandes lignes les perspectives de prévision pour l'économie française élaborée par l'OFCE en octobre 2009 [Blot *et al.*, 2009]. Quant à la période 2011-2030, différents scénarios sont envisagés. Mais avant d'en faire une présentation détaillée, il convient de rappeler qu'un scénario est davantage une illustration des évolutions envisageables qu'une prévision. Des hypothèses fortes en termes d'environnement extérieur sont nécessaires. La réalité peut s'avérer différente et le retour vers le plein-emploi ou l'équilibre des finances publiques plus ou moins long et tortueux.

Dans le cadre d'une projection de moyen-long terme, l'analyse et la mesure de l'évolution tendancielle de la population active et de la productivité fournissent des indications utiles sur les capacités d'offre globale et donc sur le sentier de croissance durable et non inflationniste de la production et de l'emploi.

En tenant compte de l'évolution de la population active, nous pouvons distinguer trois sous-périodes au cours des soixante dernières années. La période précédant le premier choc pétrolier était caractérisée par une croissance forte de la productivité (4,8 %) et de la population active (0,8 %) (tableau 1). À la suite de ce choc pétrolier, la croissance tendancielle s'est considérablement ralentie, passant de 5,6 % à 2,2 %. Cette rupture est largement imputable à la décélération de la productivité qui a été divisée par trois par rapport à la période précédente. À l'instar de la sous-période précédente, la rupture du début des années 2000 porte la marque de l'affaiblissement de la productivité qui ne progresse que de 1,2 % par an. Compte tenu de l'évolution de la population active, le PIB tendanciel n'augmente plus en moyenne que de 1,6 % par an depuis 2002.

Tableau 1. **Évolution et décomposition du taux de croissance tendancielle**
En %

| | PIB tendanciel | Population active | Productivité |
|---|---|---|---|
| 1960-73 | 5,6 | 0,8 | 4,8 |
| 1974-2001 | 2,2 | 0,6 | 1,6 |
| 2002-2010 | 1,6 | 0,5 | 1,2 |
| 2011-2020* | 1,4 | 0,0 | 1,3 |
| 2021-2030* | 1,6 | 0,0 | 1,6 |

* Prévisions OFCE

*Sources* : INSEE, calculs OFCE.

À l'horizon 2030, la croissance de la population active devrait connaître un franc ralentissement : après avoir progressé de 0,5 % en moyenne au cours des dix dernières années, elle devrait se stabiliser au cours des prochaines décennies. Le PIB tendanciel évoluerait par conséquent au rythme de la productivité. Sur la base de cette évolution du PIB tendanciel, trois scénarios de croissance de l'activité sont proposés pour la période 2011-2030. Dans le premier, nous faisons l'hypothèse d'un rattrapage progressif du niveau PIB vers son tendanciel. Une fois atteint, la croissance du PIB serait égale à celle du PIB tendanciel (graphique 1). Ce scénario « gris » peut être encadré par deux autres : un scénario « noir », plus négatif, dans lequel la croissance de l'économie s'établit à son rythme tendanciel dès 2011 et un autre plus positif

Graphique 1. **Les trois scénarios d'évolution du PIB à l'horizon 2030**
En milliards d'euros

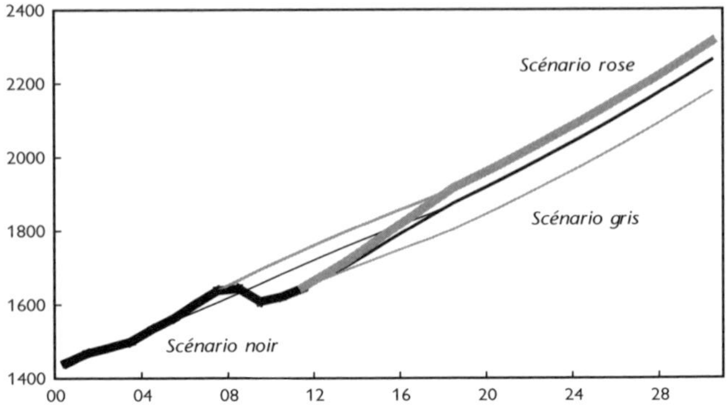


*Sources* : Comptabilités nationales, calculs et prévisions OFCE.

(scénario « rose ») illustrant une reprise plus forte à moyen terme permettant à l'économie française de rattraper l'intégralité de la perte d'activité liée à la crise. Ces trois scénarios de croissance présentent des caractéristiques macroéconomiques différentes (taux d'investissement, taux d'épargne) caractérisées par des taux de chômage en 2030 différents (tableau 2).

Tableau 2. **Principales caractéristiques des différents scénarios**

| **Scénario...** | | **... Gris** | **... Noir** | **... Rose** |
|---|---|---|---|---|
| Taux de croissance du PIB | **2011-2018** | 1,8 | 1,3 | 2,1 |
| (en %) | **2019-2030** | 1,6 | 1,6 | 1,6 |
| Taux de chômage (en %) | **2030** | 6,5 | 10,4 | 6,5 |

*Sources :* INSEE, prévisions OFCE.

## Tendances des finances publiques

L'évolution des finances publiques à court terme (2009-2010) est identique dans les trois scénarios, des écarts importants se creusent ensuite. De 2011 à 2013, les trois scénarios sont calés sur les évolutions des PO et des dépenses publiques primaires exposées dans le programme pluriannuel des finances publiques 2011-2013 (projet de loi de finances pour 2010).

Au-delà de 2013, dans le scénario « gris », nous avons supposé que le solde public primaire reviendrait progressivement à l'équilibre, c'est-à-dire à la situation qui prévalait en 2007 avant la crise. La situation est atteinte en 2018 (graphique 2). Cela suppose un certain nombre d'hypothèses. D'une part, au-delà de 2013 les dépenses publiques primaires évolueraient comme le taux de croissance du PIB tendanciel, soit un rythme inférieur à la croissance effective du PIB dans ce scénario. La part des dépenses publiques primaires dans le PIB diminue donc au cours de la période 2014-2018. D'autre part, afin d'équilibrer le solde public primaire, les PO augmentent de 1,3 point de PIB de 2014 à 2018. Au-delà de 2018, l'économie croit à son rythme tendanciel et le solde public primaire est nul sur la période 2018-2030.

Dans ce scénario « gris », la dette publique brute atteindrait un pic en 2017 (100,5 % du PIB) (graphique 3) avant d'atteindre le solde public qui stabilise la dette à un peu plus de 100 % (3,8 % du PIB en 2018). Au-delà, la dette publique baisse très légèrement et atteint 99,2 % du PIB en 2030. Le déficit public reste quasiment stable sur toute la période 2019-2030 (3,3 % du PIB en 2030) (graphique). Dans ce scénario, les impulsions budgétaires cumulées sont négatives de 2 points de PIB de 2011 à 2030 (– 3,3 points de PIB si l'on intègre la remontée spontanée de certaines assiettes fiscales). Les recettes publiques augmenteraient de 2,6 points de PIB entre 2010 et 2018 pour atteindre 49,8 % du PIB en 2018 puis se stabiliseraient à ce niveau (graphique 2). Les dépenses publiques diminueraient de 2,8 points de PIB en l'espace de vingt ans pour atteindre 53,1 % du PIB en 2030. Aussi bien du côté des dépenses que des recettes, les finances publiques de la France retrouvent en 2018, une situation comparable à celle de 2007. Dans l'intervalle, la dette publique augmenterait de 37 points de PIB. La conséquence directe de cette augmentation est une hausse des charges d'intérêts de 0,8 point de PIB et une charge d'intérêts de 3,4 points de PIB, intégrant la baisse des taux d'intérêt induite par le ralentissement de la croissance nominale potentielle. Si les taux d'intérêt apparents en 2018 étaient égaux à ceux de 2007, la hausse de charge d'intérêts serait de 1,5 point de PIB.

Dans les deux autres scénarios (« rose » et « noir »), les évolutions de recettes publiques (en points de PIB) sont identiques à celles du scénario « gris ». La croissance des dépenses publiques

Graphique 2. **Finances publiques à long terme dans le scénario « gris »**
En points de PIB

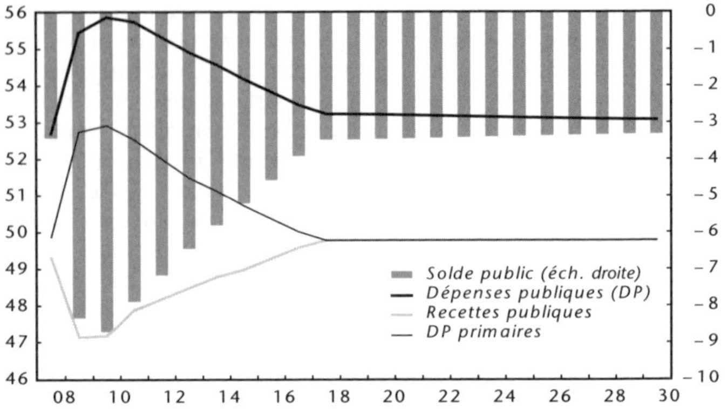


*Sources* : Calculs OFCE.

primaires est la même jusqu'en 2013 dans tous les scénarios. Au-delà de 2013, les dépenses publiques primaires évoluent comme le rythme de croissance tendanciel de l'économie. Seules les hypothèses sur le taux de croissance du PIB et sur celui de sa tendance de long terme, ainsi que sur les taux d'intérêt (estimés à partir de la croissance nominale), varient impliquant une réduction plus ou moins rapide de l'écart de production et un rythme différent d'évolution des dépenses publiques et de leur part dans le PIB.

Ainsi, la dette publique brute en 2030 serait comprise entre 79,4 % du PIB dans le scénario de croissance (graphique 3) le plus favorable (scénario « rose ») et 135 % du PIB (scénario « noir ») dans le cas le plus défavorable et les charges d'intérêts vont de 2,7 à 4,4 points de PIB selon les scénarios. Dans le scénario « rose », la dette publique atteint son maximum en 2015 (96,3 % du PIB) et décroît tendanciellement au-delà grâce à un déficit inférieur à celui qui stabilise la dette. Le déficit public repasse sous la barre des 3 % du PIB dès 2017 et atteint 1,5 % du PIB en 2030. Dans le scénario « noir », les déficits publics restent élevés sur toute la période de projection et sont considérés comme intégralement structurels (6,4 % du PIB en moyenne de 2011 à 2030). Les déficits publics diminuent légèrement à moyen terme (5,8 %

Graphique 3. **Dette publique brute dans les trois scénarios**
En points de PIB

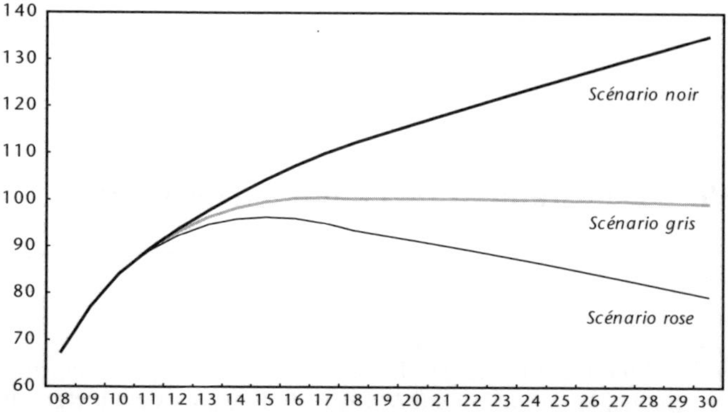


*Sources* : Calculs OFCE.

du PIB en 2018) sous l'effet des impulsions budgétaires négatives, puis augmentent à nouveau pour atteindre 6,5 % du PIB en 2030 en raison de la hausse de la charge d'intérêts.

### Repères bibliographiques

HEYER E., PLANE M. et TIMBEAU X., « Quelle dette publique à l'horizon 2030 ? », *Revue de l'OFCE*, n° 112, janvier 2010.

BLOT C. et TIMBEAU X., « Du chaos financier au K.O. économique », *Revue de l'OFCE*, n° 110, juillet 2009.

CHAUVIN V. *et al.*, « Le modèle France de l'OFCE, la nouvelle version e-mod.fr », *Revue de l'OFCE*, n° 81, avril 2002.

# VI/ L'ajustement de l'emploi dans la crise[1]

*Marion Cochard et Éric Heyer*

Conséquence inévitable de la crise économique que nous traversons, la situation sur le front de l'emploi s'est fortement dégradée dans l'ensemble des grands pays développés.

Nous nous proposons de détailler la réaction des marchés du travail dans sept grands pays : Allemagne, France, Italie, Espagne, Royaume-Uni, États-Unis et Japon. Dans un premier temps, nous ferons le point sur les différences d'ajustement de ceux-ci au choc d'activité. Puis, nous tenterons d'expliquer les écarts d'ajustement de l'emploi par le recours à la flexibilité interne des entreprises, et par là analyser les différences de modifications du temps de travail et des coûts salariaux.

Rappelons avant toute chose que la crise est loin d'être terminée, et les chiffres disponibles encore provisoires. Ce n'est qu'à la fin du cycle que l'on saura si les marchés du travail ont réagi très différemment par rapport à l'accoutumée.

## Quel ajustement du marché du travail ?

Malgré la reprise de la croissance mondiale, la dégradation des marchés du travail des pays de l'OCDE s'est poursuivie au second semestre 2009. À l'exception de l'Allemagne, les pays que nous étudions ont enregistré depuis le début de la crise économique et financière des destructions d'emplois d'une ampleur inédite,

1. Ce chapitre s'inspire de Marion Cochard, Gérard Cornilleau et Éric Heyer [2010].

allant de 1,6 % pour la France à un effondrement sans précédent de près de 10 % pour l'Espagne.

Dans la plupart des pays, l'industrie est le secteur qui a été le plus touché par la crise (tableau 1), avec des destructions d'emplois atteignant jusqu'à 10 %. Dans l'ensemble des pays étudiés, à l'exception des États-Unis, le secteur des services marchands a été relativement épargné au cours de cette crise. Par ailleurs, certains pays ont également connue une crise immobilière (États-Unis, Japon, Royaume-Uni et surtout Espagne) détériorant l'emploi dans le secteur du bâtiment. La bulle immobilière espagnole a été particulièrement marquée, si bien que le secteur du bâtiment représentait 17 % de l'emploi total avant la crise, contre 7 % en moyenne dans les autres pays étudiés. Le retournement du marché immobilier a conduit à la chute de 37 % de l'emploi dans le secteur, contre 10 % au Royaume-Uni et 20 % aux États-Unis.

Par ailleurs, l'évolution du marché du travail a été extrêmement contrastée dans les différents pays, pour trois raisons.

D'abord, l'ampleur de la chute de l'activité varie fortement d'un pays à l'autre : au premier trimestre 2009, les pertes de PIB s'échelonnaient de 3,4 % en France — pays le moins durement touché sur le plan de l'activité — à 8,4 % au Japon. À la fin 2009, la France et les États-Unis sont les deux pays qui ont le mieux résisté à la crise, avec des chutes de PIB de l'ordre de 2 % depuis début 2008, alors que la perte d'activité avoisine 6 % au Royaume-Uni, au Japon, en Allemagne et en Italie. L'Espagne se trouve dans une situation intermédiaire, avec une perte cumulée de PIB de 4,6 %.

Tableau 1. **Évolution du marché du travail, 2008-2009**

| | Fr. | All. | It. | EU | Jap. | R.-U. |
|---|---|---|---|---|---|---|
| **Perte cumulée PIB en %** | **2,4** | **5,6** | **6,5** | **1,6** | **6,3** | **5,8** |
| Emploi total<br>*En %* | – 1,6 | – 0,1 | – 4,2 | – 5,5 | – 2,4 | – 2,0 |
| Emploi total<br>*En milliers* | – 422 | – 31 | – 1043 | – 8115 | – 1530 | – 585 |
| *— dont industrie* | *– 245* | *– 300* | *– 533* | *62* | *– 469* | *– 291* |
| *— dont bâtiment* | *– 43* | *3* | *16* | *– 1494* | *– 502* | *– 135* |
| Chômage<br>*En milliers* | 732 | – 40 | 533 | 7 788 | 900 | 838 |
| Taux de chômage T4 2009 | 9,6 | 8,1 | 8,3 | 10,0 | 5,2 | 7,8 |
| Taux de chômage T1 2008 | 7,2 | 8,1 | 6,5 | 5,0 | 3,8 | 5,2 |

*Sources* : Eurostat, sources nationales.

Ensuite, la vitesse d'ajustement de l'emploi à l'activité diffère selon les pays et la structure de leur marché du travail. Les estimations réalisées dans une précédente étude [OFCE, 2009] montraient ainsi que le délai d'ajustement de l'emploi à l'activité est extrêmement court aux États-Unis et en Espagne (un peu plus d'un trimestre), un peu plus long pour la France et le Royaume-Uni (3 trimestres), alors que l'Allemagne, l'Italie et le Japon ont un marché du travail peu réactif (avec des délais d'ajustement de 5 à 8 trimestres).

Enfin, la spécificité de la crise actuelle — du fait de son intensité — a incité les gouvernements de certains pays à mettre en place des dispositifs spécifiques en matière de politique de l'emploi, qui ont retardé encore l'ajustement du marché du travail. En Allemagne et au Japon, en particulier, le développement du chômage partiel et l'incitation au recours à la flexibilité interne — baisse du temps de travail et des rémunérations — ont conduit à un sous-ajustement important du marché du travail au regard de ce que prévoyaient nos modélisations usuelles. Au Royaume-Uni également, l'ajustement de l'emploi a été beaucoup plus faible qu'à l'accoutumée.

Tous les pays étudiés n'en sont donc pas au même stade de l'ajustement de l'emploi à la crise. Le retard de l'emploi sur l'activité s'est d'abord manifesté par une dégradation extrêmement brutale de leur productivité du travail entre le premier trimestre 2008 et celui de 2009. Depuis, la vitesse et l'ampleur de l'ajustement de l'emploi à l'activité ont été différentes selon les pays : si celui-ci est achevé aux États-Unis, la situation du marché du travail continuera à se dégrader dans les autres pays au cours des deux prochaines années.

Ainsi, les États-Unis ont d'ores et déjà achevé l'ajustement de l'emploi à la récession observée, et ont rattrapé, voire légèrement dépassé, la tendance de productivité de long terme. Après une stabilisation en 2010, le cycle de productivité devrait se retourner à nouveau en 2011, et contribuer à l'amélioration de la situation du marché du travail américain.

En Europe et au Japon, en revanche, le cycle de productivité a certes amorcé son retour à l'équilibre au cours de l'année 2009, mais l'ajustement de l'emploi n'est pas encore achevé. L'écart de productivité à la tendance de long terme est descendu en dessous de – 4 % début 2009 dans les trois pays les moins réactifs — Italie, Allemagne et Japon — et malgré le rebond de la productivité enregistré depuis, les cycles y demeurent très dégradés (autour de – 2,5 %). L'ajustement de l'emploi à la crise passée reste en grande partie à venir. Cela pèsera donc sur l'emploi de ces trois pays dans les années à venir, mais la reprise de la croissance compensera partiellement l'effet du rattrapage du cycle. L'Italie verra même son emploi repartir légèrement à la hausse au cours des deux prochaines années.

La France, dont le délai d'ajustement à l'activité est plus court, présente un ajustement de l'emploi plus avancé que les pays précédents, avec un niveau de productivité moins dégradé (– 1 % au T4 2009). Les destructions d'emplois liées au rétablissement du cycle seraient ainsi moins importantes dans l'Hexagone que dans les trois pays précédents étudiés. Mais à la différence de ceux-ci, la croissance attendue pour l'économie française en 2010-2011 ne sera pas suffisante pour créer des emplois, et viendra amplifier le mouvement de dégradation du marché du travail lié au rétablissement du cycle. Au total, c'est la France qui subira les plus lourdes pertes sur le marché du travail, avec 1 % de baisse de l'emploi total sur deux ans.

Le Royaume-Uni se trouve quant à lui dans une situation inédite. L'ajustement de l'emploi a été extrêmement faible jusque-là et le pays présente le cycle le plus dégradé des pays considérés (– 6,5 % par rapport à la tendance de long terme) alors que son délai d'ajustement est d'ordinaire très proche de celui de la France.

Enfin, l'Espagne fait complètement exception parmi les pays étudiés. Si le délai d'ajustement de l'emploi y est toujours extrêmement rapide, on a assisté lors de cette crise à un surajustement massif. L'emploi s'est effondré de près de 10 %, alors que l'activité chutait de 4,6 %, entraînant un bond de la productivité marchande. La particularité de l'économie espagnole réside dans l'importance acquise par le secteur du bâtiment au cours des années précédant la crise. La montée en puissance de ce secteur, dont la productivité décroissait tendanciellement avec la bulle immobilière, a conduit à une baisse de la productivité à partir du milieu des années 1990. Dans un mouvement inverse, les destructions massives d'emplois dans ce secteur conduisent à rétablir le poids de secteurs plus productifs — l'industrie et des services — dans l'économie, et surtout à une remontée spectaculaire de la productivité dans le secteur du bâtiment, poussant à la hausse la productivité marchande.

## Quel recours à la flexibilité interne ?

Le retard d'ajustement de l'emploi à l'origine du cycle de productivité s'explique traditionnellement par un recours à la flexibilité interne des entreprises : modifications du temps de travail et des coûts salariaux. Dans un premier temps, les entreprises essaient en effet généralement d'attendre la confirmation du ralentissement conjoncturel avant de procéder à des suppressions d'emplois. Elles préfèrent jouer sur le temps de travail — directement dans certains pays comme les États-Unis et le Royaume-Uni, et *via* la baisse des heures supplémentaires ou le recours au chômage partiel dans les autres — et sur des baisses de salaires lorsqu'elle en ont la possibilité — c'est notamment le cas au Japon, et dans une moindre mesure aux États-Unis, où l'importance des primes dans le système de rémunérations permet un ajustement quasi immédiat de la masse salariale.

*Le temps de travail*

Si l'ajustement du temps de travail a joué de manière assez traditionnelle — et ponctuelle — aux États-Unis, en France ou en Espagne, la réduction du temps de travail ordinaire a été en revanche tout à fait exceptionnelle en Italie, au Japon, et surtout en Allemagne, en grande partie en raison de l'extension des dispositifs de chômage partiel.

Le volume d'heures travaillées par employé a chuté dans presque tous les pays, dans des proportions diverses. Seule exception : l'Espagne, dont la flexibilité du marché du travail a conduit à un ajustement direct de la conjoncture sur le volume d'emploi. De même, si les statistiques françaises sur la durée du travail ne sont pas facilement exploitables, le maintien — voire la hausse — du recours aux heures supplémentaires favorisé par la défiscalisation instaurée par la loi TEPA a en partie compensé le développement du chômage partiel. L'ajustement des volumes horaires a sans doute été plus faible en France que dans la plupart des autres pays, et le développement du chômage partiel n'y a pas atteint la même ampleur qu'en Allemagne ou au Japon.

Aux États-Unis, le temps de travail a comme à l'accoutumée servi d'amortisseur à la crise dans la première phase du retournement conjoncturel, de manière transitoire. Le nombre d'heures travaillées par salarié a chuté de 4,6 % entre le premier trimestre 2008 et le premier trimestre 2009. La productivité par heure a donc beaucoup moins baissé que la productivité par tête, et le cycle de productivité horaire a retrouvé l'équilibre dès le deuxième trimestre 2009. Le temps de travail par personne s'est ensuite accru pour retrouver fin 2009 son niveau d'avant crise. L'ajustement du temps de travail aux États-Unis a donc été transitoire, en ligne avec le comportement habituel des entreprises américaines en période de retournement conjoncturel.

Au Japon, en Italie et en Allemagne, en revanche, la chute du temps de travail ordinaire a été exceptionnelle, à la fois par son ampleur et par sa durée. Contrairement aux États-Unis, où les entreprises ont procédé à des baisses de durée du travail transitoires en tout début de crise, ces trois pays ont fait le choix d'une baisse durable du temps de travail afin de préserver l'emploi. Les trois pays ont étendu leurs dispositifs de chômage partiel, et fait appel à des mécanismes plus habituels (compte-épargne temps, heures supplémentaires, négociations de réduction du temps de travail). Ils présentaient encore fin 2009 un temps de travail par salarié nettement inférieur à son niveau antérieur à la crise.

En matière d'ajustement du marché du travail, l'Allemagne fait figure d'exception dans cette crise. L'ajustement quasi inexistant de l'emploi lors de cette crise est tout à fait exceptionnel : malgré un effondrement du PIB de près de 6 %, l'emploi est demeuré stable depuis le début de la crise et le taux de chômage n'a pas bougé. La raison tient essentiellement à l'assouplissement et l'allongement du dispositif de chômage partiel (*Kurzarbeit*), qui a concerné jusqu'à 1,5 million de salariés au deuxième trimestre 2009. Le chômage partiel aurait ainsi permis de garder dans l'emploi 1,2 million de salariés en Allemagne en 2009. C'est donc un pari sur l'avenir de la part du gouvernement et des entreprises allemands, qui ont plébiscité le recours à ce dispositif malgré le coût subi, afin de conserver intacts leurs capacités de production et le niveau de qualification de leur main-d'œuvre dans la perspective d'une reprise imminente. Mais ce dispositif, par nature transitoire, perd en importance depuis le troisième trimestre 2009 et devrait poursuivre sa trajectoire décroissante à l'horizon 2011. La durée du travail se rétablira donc progressivement et contribuera au rétablissement du cycle de productivité.

*Les coûts salariaux unitaires (CSU)*

Plusieurs stratégies s'offrent alors aux entreprises en période de crise : soit elles limitent la hausse des coûts salariaux en ajustant leurs effectifs — par tête ou en heures —, soit cela passe par une baisse ou un gel des salaires distribués, soit elles utilisent les deux simultanément.

**Ajustement de l'emploi plutôt que des salaires (Espagne, États-Unis et France).** — Comme nous l'avons déjà évoqué précédemment, les entreprises espagnoles et américaines — et françaises à un degré moindre — ont ajusté très rapidement leurs effectifs au cours de cette crise. Le fort ajustement de l'emploi observé en Espagne a été contrebalancé par un faible ajustement des salaires qui ont connu la plus forte progression des pays étudiés au cours des années 2007-2009. En revanche, au fort ajustement de l'emploi, leurs homologues américains ont cumulé une maîtrise des salaires qui leur a permis de limiter au mieux la hausse de leurs coûts salariaux unitaires tout au long de cet épisode récessif. L'ajustement des rémunérations porte essentiellement sur les composantes variables à savoir les primes et autres compléments de rémunération. En France, la réduction du coût de travail a été également recherchée davantage par les variations de l'emploi, temporaire principalement, plutôt qu'au moyen d'une baisse de la rémunération.

**Un ajustement des salaires plutôt que de l'emploi (Japon et Allemagne).** — Le cas du Japon est l'exact symétrique de celui de l'Espagne. Les entreprises japonaises ont contenu leurs CSU non pas par un fort ajustement de l'emploi mais par une baisse des rémunérations. Celle-ci a été obtenue par une baisse de la part variable, notamment des bonus, qui est revalorisée deux fois par an, ainsi que par une baisse du temps de travail qui a engendré une réduction du salaire mensuel. Au total, la hausse du coût salarial engendrée par le faible ajustement de l'emploi a été compensée en grande partie au moyen de l'ajustement de la rémunération. Cela ne vaut pas pour l'Allemagne où l'ajustement des rémunérations n'a pas compensé le faible ajustement sur l'emploi et ce malgré la baisse de la durée du travail.

**Un faible ajustement des salaires et de l'emploi (Royaume-Uni et Italie).** — Enfin, dans certains pays, le faible ajustement de l'emploi et des rémunérations a occasionné une forte dérive des coûts salariaux unitaires. C'est le cas des entreprises en Italie et au Royaume-Uni.

En définitive, seule l'Espagne a connu un surajustement massif de l'emploi à l'activité, et concentré l'adaptation du marché du travail sur les seuls effectifs. La France et les États-Unis ont connu une évolution du marché du travail conforme à leur mode d'ajustement habituel, et sont à un stade avancé du rattrapage du cycle de productivité. Enfin, les autres pays affichent pour l'heure une baisse de l'emploi extrêmement mesurée au regard de l'ampleur de la récession, en grande partie grâce à un recours exceptionnel aux mécanismes de flexibilité internes.

Les plus gros problèmes sur le marché du travail sont donc sans doute encore à venir. Si les pertes d'emploi s'aggravent, le dilemme entre maintien des seniors en activité et emploi des jeunes va se raviver ; l'allongement des durées de chômage finira par entamer les capacités de travail des chômeurs dont le retour à l'emploi deviendra plus difficile. Pour éviter ces dérives dommageables socialement, mais aussi économiquement par leurs effets sur le potentiel de croissance, il convient de retrouver le plus vite possible la trajectoire vers le plein-emploi qui prévalait avant la crise. Si la reprise tarde, il faudra alors déployer un maximum de moyens pour éviter les conséquences les plus graves d'un sous-emploi durable : renforcement de l'indemnisation de longue durée des chômeurs les moins employables ; programmes de formation pour ceux qui sont proches de l'emploi ; création d'emplois publics d'attente.

**Repères bibliographiques**

COCHARD M., CORNILLEAU G. et HEYER E., « Les marchés du travail dans la crise », *Revue de l'OFCE*, n° 113, avril 2010.

OFCE, « Chômage à durée indéterminée », *Revue de l'OFCE*, n° 111, octobre 2009.

# VII/ La compétitivité de la France : mythes et réalités[1]

*Christophe Blot et Marion Cochard*

La compétitivité d'une nation est un thème récurrent du débat de politique économique. En tant que mesure de l'insertion des entreprises d'un pays dans le commerce international, c'est évidemment un indicateur clé et un instrument de croissance des nations. La France n'échappe donc pas à cet éternel débat surtout depuis la mise en place des 35 heures, régulièrement dénoncées comme un frein à la compétitivité. Il existe différentes mesures de la compétitivité et la manière la plus directe de l'appréhender consiste à analyser l'évolution des prix relatifs et des parts de marché à l'exportation. Le taux de change est un déterminant essentiel de la compétitivité et de l'évolution des prix relatifs. Or, depuis 1999, la France a intégré l'Union économique et monétaire, décidant ainsi de se priver — à l'intérieur de la zone euro — de l'arme du taux de change en tant qu'instrument de politique économique. Dès lors, les disparités de compétitivité au sein de la zone sont réduites aux dynamiques des prix propres à chaque pays qui dépendent principalement des coûts salariaux unitaires — coûts salariaux diminués de la productivité par tête — et de la marge des entreprises. Elles reflètent alors les choix macroéconomiques et microéconomiques qui peuvent être influencés par les variations observées des taux de change nominaux.

---

1. Ce chapitre résume la *Lettre de l'OFCE* n° 322 du 6 juillet 2010.

Nous analysons donc l'évolution de la compétitivité de la France depuis son entrée dans la zone euro et relativement à celle de ses principaux partenaires de l'Union. Alors que l'adoption d'une monnaie commune devait mettre un terme aux stratégies de dévaluations compétitives, des divergences significatives sont apparues en réaction à l'appréciation de l'euro depuis 2001. Malgré une compétitivité maitrisée, la France a pourtant perdu des parts de marché, essentiellement à l'intérieur de la zone euro et essentiellement au profit de l'Allemagne. Mais la compétitivité ne doit pas être une finalité ; elle n'est qu'un moyen parmi d'autres d'atteindre une croissance plus élevée et à ce jeu, rien ne montre que la France a souffert d'un déficit de croissance.

## Compétitivité : l'effet euro

Les fluctuations des taux de change sont le principal moteur de l'évolution de la compétitivité, non seulement parce qu'ils sont bien plus variables que les prix relatifs mais aussi parce qu'ils conditionnent les stratégies compétitives mises en œuvre nationalement ou au niveau des entreprises.

De la création de l'euro à fin 2000, la monnaie unique s'est dépréciée — de près de 20 % —, ce qui a permis à la France, comme à l'ensemble des pays de la zone, de gagner en compétitivité (graphique 1). Entre 2001 et 2008, l'euro s'est apprécié de 70 %. Pourtant, jusqu'en 2003, la dégradation de la compétitivité des pays de l'Union reste modérée, la France parvenant notamment à amortir l'impact du rebond de l'euro sur la compétitivité. Loin des idées généralement véhiculées sur cette période suivant la mise en place des 35 heures, l'évolution de la compétitivité a été bien plus favorable en France que chez la plupart de ses voisins européens, grâce à une évolution salariale mesurée et d'importants gains de productivité dans l'industrie (+ 2,4 % annuel sur la période, *cf.* tableau 1), secteur qui est le principal contributeur aux échanges commerciaux mondiaux. À l'inverse, la dérive des coûts salariaux italiens couplée à l'atonie de la productivité s'est traduite par le décrochage de la compétitivité italienne.

En fait, les divergences entre pays apparaissent après 2003 et la France voit alors sa compétitivité se dégrader. Face au rebond de la monnaie unique, les choix opérés par les différents pays de la zone en matière de politique salariale et de comportement de

Graphique 1. **Compétitivité-prix des principaux pays de la zone euro**
1999 = 100

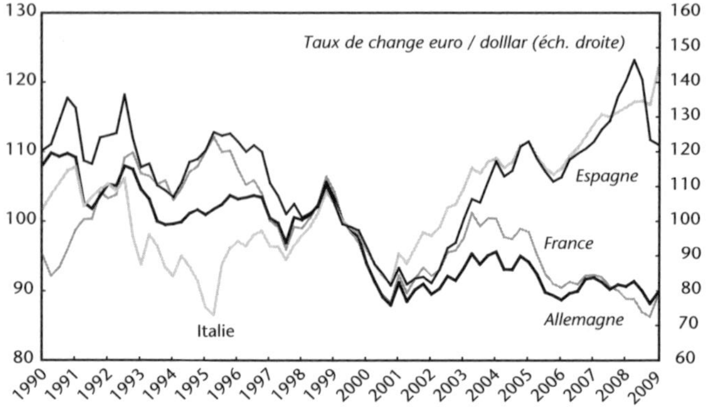


*Sources* : FMI, données nationales, calculs OFCE.

marges à l'exportation des entreprises ont été contrastés. Le décrochage italien connaît une accélération, mais, grâce à une productivité dynamique (+ 3,2 % par an en moyenne entre 2003 et 2007), et surtout d'importants efforts de marge[2] de la part des entreprises exportatrices, la France parvient à amortir l'impact des fluctuations de la monnaie unique : de 2003 à 2008, la compétitivité-prix française ne se dégrade que de 4,6 %, tandis que l'euro enregistre une hausse de près de 40 % par rapport au dollar. Ce faisant, les entreprises françaises sont parvenues à maintenir une compétitivité-prix proche de celle de leurs homologues d'outre-Rhin alors même que l'Allemagne procédait de son côté à une réorientation radicale de son modèle de croissance. En effet, pour restaurer une compétitivité érodée après la réunification, l'Allemagne a réactivé le cercle vicieux de la désinflation compétitive au sein de la zone euro. Privée de l'instrument du taux de change, l'Allemagne s'est distinguée de ses partenaires européens en choisissant d'adosser sa croissance à son commerce extérieur *via* une stratégie de maitrise des coûts.

2. L'effort de marge rapporte la compétitivité-prix à la compétitivité-coût

Cette réorientation s'est appuyée à la fois sur une volonté politique, au travers des réformes du marché du travail (*cf.* Chagny [2005] pour plus de détails), et sur le développement d'une stratégie menée par les entreprises allemandes qui ont accru le recours à l'*outsourcing*, c'est-à-dire la sous-traitance d'une partie du processus de production dans des pays à moindre coût, notamment en direction des pays d'Europe centrale et orientale (PECO). Les réformes du marché du travail furent amorcées dès 1999, avec des exonérations d'impôts favorisant le développement d'emplois précaires et à temps partiel. Elles se sont accompagnées d'accords négociés entre syndicats et patronat visant à limiter la progression des salaires. Cette politique de baisse des coûts salariaux s'est accélérée ensuite en 2002, par le biais d'accords de branche dans un premier temps, puis par l'ensemble de mesures contenues dans les réformes Hartz sur le marché du travail adoptées en 2003. Enfin, en 2007, l'Allemagne augmentait son taux de TVA de 3 points, réduisant dans le même temps les cotisations sociales.

Cette politique s'est traduite par une chute moyenne de 3,6 % des coûts salariaux unitaires dans l'industrie entre 2003 et 2007[3], tandis qu'ils se stabilisaient en France alors même que les salaires y étaient plus dynamiques et en ligne avec les gains de productivité (tableau 1). En aucun cas, il n'est donc possible de parler de dérapage des coûts et de la compétitivité en France. En la matière, l'exception est allemande, et dans une moindre mesure hollandaise, mais au prix d'une compression des salaires sans précédent et qui a pesé sur le dynamisme de la demande intérieure allemande et donc sur la demande adressée aux principaux partenaires commerciaux de l'Allemagne.

## Compétitivité, commerce et croissance

Si l'évolution de la compétitivité-prix est très insuffisante pour rendre compte de l'évolution des soldes commerciaux et des parts de marché de nombreux pays de la zone euro [Blot et Cochard, 2008], elle en reste néanmoins un déterminant important.

3. L'effondrement de la productivité en 2008 et 2009 rend difficile toute interprétation de l'évolution des coûts salariaux unitaires sur la période couvrant la crise.

Tableau 1. **Évolution du coût salarial unitaire dans l'industrie, taux de croissance moyen**

En %

| | Allemagne | | | France | | | Italie | | | Espagne | | | Pays-Bas | | |
|---|---|---|---|---|---|---|---|---|---|---|---|---|---|---|---|
| | 1995-2000 | 2000-2003 | 2003-2007 | 1995-2000 | 2000-2003 | 2003-2007 | 1995-2000 | 2000-2003 | 2003-2007 | 1995-2000 | 2000-2003 | 2003-2007 | 1995-2000 | 2000-2003 | 2003-2007 |
| Rémunération salariale par tête (1) | 0,8 | 1,1 | -1,1 | 1,2 | 2,6 | 3,3 | 2,4 | 3,1 | 2,2 | 1,8 | 2,6 | 2,8 | — | 4,9 | 3,1 |
| Productivité par tête (2) | 1,3 | 0,7 | 2,5 | 3,4 | 2,4 | 3,2 | 1,1 | -1,1 | 0,8 | 1,1 | 0,1 | 0,7 | — | 2,5 | 4,4 |
| Coût salarial unitaire (CSU) (1) - (2) | -0,5 | 0,3 | -3,6 | - 2,2 | 0,2 | 0,1 | 1,3 | 4,2 | 1,5 | 0,7 | 2,5 | 2,1 | 0,1 | 2,5 | -1,3 |

*Source* : OCDE.

À cet égard, l'évolution des soldes commerciaux est un premier révélateur de ces écarts de performance. La position allemande s'est renforcée puisque l'excédent commercial est passé de 3,2 points de PIB en 1999 à 8,1 points en 2007[4]. Malgré une spécialisation géographique et sectorielle assez proche, la situation française s'est, dans le même temps, renversée passant d'un excédent commercial de 1 point de PIB en 1999 à un déficit de 2,1 points en 2007. Les trajectoires suivies par l'Italie et l'Espagne ont été plutôt en ligne avec celle de la France. Si la hausse quasi continue du prix du pétrole explique en partie la dégradation des soldes commerciaux, elle ne peut cependant pas rendre compte de la dégradation des déficits commerciaux enregistrée dans les trois pays, notamment vis-à-vis de leurs partenaires de l'UEM. Inversement, le solde intra-zone s'est considérablement amélioré en Allemagne. L'évolution de ces soldes ne résulte évidemment pas uniquement des écarts de compétitivité. Ils reflètent également les écarts de croissance entre les pays de la zone euro.

4. Le surajustement du commerce mondial consécutif à la crise financière a sans doute perturbé le lien entre les performances commerciales et la compétitivité. Il est donc difficile de tirer des enseignements de l'évolution des soldes commerciaux en 2008 et 2009.

Graphique 2. **Parts de marché intra-zone euro**
1999 = 100

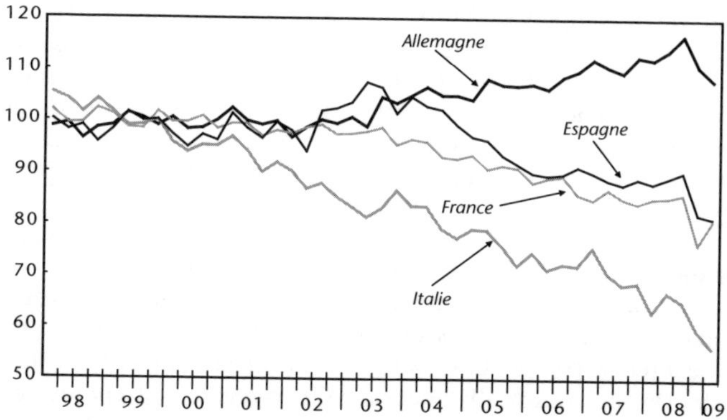


*Sources* : FMI, données nationales, calculs OFCE.

La divergence allemande a été manifeste sur la dynamique des exportations et des parts de marché, principalement dans la phase d'appréciation de la monnaie unique. Alors que la France, l'Italie et l'Espagne ont perdu des parts de marché, a stratégie allemande basée sur l'amélioration de sa compétitivité-coût lui a permis de maintenir globalement sa position. Surtout, les gains de parts de marché allemands l'ont été à l'intérieur de la zone euro (graphique 2). L'appréciation de l'euro est certes pénalisante à l'intérieur de la zone euro puisqu'elle détourne une partie de la demande des pays membres en faveur des pays non membres. Mais cet argument est sans doute insuffisant pour expliquer une telle redistribution des cartes entre les membres de la zone euro.

De toute évidence, la stratégie allemande a permis aux entreprises allemandes de maintenir leur compétitivité-prix sans avoir à réduire systématiquement leur marge. Bénéficiant d'un positionnement concurrentiel favorable et donc d'une demande faiblement élastique au prix, l'Allemagne a pu stabiliser ses parts de marché hors zone euro et renforcer sa position dans la zone euro notamment après 2003. Vis-à-vis de ses partenaires européens, la stratégie allemande s'apparente à une politique de désinflation compétitive [OFCE, 2006 ; Creel et Le Cacheux, 2006] qui a certes permis à l'Allemagne de mieux résister à l'appréciation de l'euro, mais qui a également pesé sur les performances à l'exportation de ses partenaires commerciaux. En France, le maintien de la compétitivité-prix grâce à l'ajustement des marges des entreprises n'a pas évité d'importantes pertes de parts de marché. Il est donc probable qu'un nombre croissant d'entreprises hexagonales ne soient pas parvenues à suivre la course à la compétitivité et qu'elles aient été évincées du marché [Guillou, 2008], comme en témoigne la baisse continue du nombre d'entreprises exportatrices depuis 2001. Dans ces conditions, il est possible que le maintien de la compétitivité-prix de la France soit en partie artificiel, reflétant la position des entre-prises survivantes qui auront pu comprimer leur marge, mais au détriment d'investissements et d'innovations qui sont des facteurs essentiels pour améliorer la compétitivité-prix mais aussi la compétitivité hors prix. De fait, comparativement à l'Allemagne, les entreprises françaises sont moins innovantes, ce qui contribuerait à expliquer les difficultés des entreprises françaises à l'exportation [OFCE, 2010]. Le déclin régulier des parts de marché italiennes est cohérent avec la dégradation de la compétitivité-prix. Par contre, en Espagne la baisse est moins marquée étant donné la dégradation de la compétitivité. La forte croissance espagnole depuis le milieu des années 1990 résulte sans doute en partie d'une intégration croissante de l'économie espagnole dans le commerce mondial et européen. Le renforcement des entreprises espagnoles sur les marchés extérieurs aurait alors contribué à limiter les pertes de parts de marché malgré une compétitivité-prix peu favorable.

Si l'Allemagne a gagné en compétitivité et en parts de marché, sa croissance a été décevante comparativement à celle de la France et de l'Espagne. Alors que sur la période précédant l'UEM, la France et l'Allemagne affichaient des performances comparables, depuis 1999 et avant la crise financière de 2008, la croissance française était en moyenne de 2,2 % contre 1,6 % en Allemagne. Ainsi, le basculement allemand vers le commerce extérieur a certes accru la contribution externe mais au détriment d'une demande intérieure atone, entravée par les compressions salariales. En France, le maintien des salaires en ligne avec les gains de productivité n'a pas provoqué un dérapage des coûts et a permis la résistance de la demande intérieure. Enfin, la crise financière mondiale a montré la fragilité du modèle de croissance allemand ;

l'effondrement du commerce international provoquant une lourde récession outre-Rhin.

Surtout, le lien entre compétitivité et croissance n'est pas systématique. La recherche de la compétitivité à tout prix peut même être contreproductive si elle s'appuie sur la contraction des salaires plutôt que sur les gains de productivité. D'une part, les gains de part de marché qu'elle induit se font nécessairement au détriment des partenaires commerciaux les plus proches, ce qui ne peut assurément servir de modèle de croissance dans un espace intégré tel que la zone euro. D'autre part, des gains de compétitivité résultant d'une modération salariale pèsent sur la consommation des ménages privant ainsi la croissance d'un moteur essentiel surtout quand ce type de stratégie est poursuivie par un grand pays. La France a su échapper à cet écueil. Certes les entreprises exportatrices ont perdu des parts de marché mais la résistance de la demande intérieure a permis de préserver la croissance. Néanmoins, on peut craindre que la baisse des marges consentie pour atténuer l'effet de l'appréciation de l'euro pèse sur la profitabilité des entreprises et sur leur capacité à réaliser les investissements qui permettront de consolider la croissance future.

### Repères bibliographiques

BLOT C. et COCHARD M., « L'énigme des exportations revisitée », *Revue de l'OFCE*, n° 106, 2008.

CHAGNY O., « Les réformes du marché du travail en Allemagne », *Revue de l'IRES*, n° 48, 2005.

CREEL J. et LE CACHEUX J., « La nouvelle désinflation compétitive européenne, *Revue de l'OFCE*, n° 98, 2006.

GUILLOU S., « Pourquoi les entreprises françaises souffrent-elles de l'euro ? », *Lettre de l'OFCE*, n° 295, 2008.

OFCE, « Le coût d'outre-Rhin », *Lettre de l'OFCE*, n° 274, 2006.

OFCE, *L'Industrie manufacturière française*, La Découverte, « Repères », Paris, 2010.

# VIII/ Retraites, sous le regard des marchés

*Henri Sterdyniak*

Le premier semestre de l'année 2010 a été marqué par un long débat sur une nouvelle réforme des retraites. Ce débat a été contre-productif et anxiogène.

La crise financière avait brutalement aggravé les difficultés de financement du système de retraite, mais l'année 2010 était peu propice à une réforme : le niveau du taux de chômage ne permettait pas de prendre des mesures fortes pour l'emploi des seniors ; il rendait absurde le report de l'âge ouvrant le droit à la retraite ; le transfert de points de cotisation de l'Unedic, qui avait été envisagé en 2003, n'était pas possible ; ce n'était pas le moment de peser sur la demande en augmentant les cotisations.

Le déficit des régimes des retraites était certes important (de l'ordre de 20 milliards en 2010), mais il s'explique essentiellement par la crise. Il doit être mis en regard de l'ensemble du déficit public (8 % du PIB, soit 160 milliards), qui lui-même n'était pas extravagant par rapport à ceux des autres pays développés. La solution aux déficits publics des pays européens ne doit-elle pas être recherchée dans une nouvelle stratégie de croissance et une nouvelle politique industrielle en Europe, dans la lutte contre l'avidité et l'instabilité de la finance, plutôt que dans la réduction des dépenses sociales ?

Le gouvernement n'a pas engagé de débats ouverts avec les syndicats, préférant instiller progressivement ses décisions dans le débat public. La réforme décidée sous le regard des marchés financiers — hausse rapide de l'âge de la retraite à 62 ans, sans différenciation selon la pénibilité, sans garantie sur l'évolution du niveau des retraites — reprend pour l'essentiel les propositions du Medef. Ce n'est pas une méthode propice au développement d'un dialogue social constructif.

## L'équilibre du système des retraites

Pour assurer l'équilibre financier du système des retraites face à la dégradation structurelle du ratio démographique due à l'allongement de la durée de vie et à l'arrivée à la retraite des générations de *baby-boomers*, les actifs doivent choisir entre trois pistes : la baisse du niveau des pensions ; l'augmentation des taux de cotisation (ou l'apport de ressources fiscales) ; le report du départ à la retraite (par la hausse de la durée requise de cotisations ou la hausse de l'âge ouvrant le droit à la retraite).

Maintenir le niveau relatif des retraites (à taux d'activité tendanciels et avec un taux de chômage de 4,5 % en 2050) obligerait à faire passer la part des retraites de 13 % en 2008 à 17,3 % du PIB en 2050. Les cotisations devraient augmenter de 8 points. Une telle hausse semble difficilement réalisable, compte tenu des autres besoins sociaux (maladie, dépendance).

La projection du COR, publiée en avril 2010, présente un scénario médian qui comporte un taux de chômage de 4,5 % en 2050 et une hausse modérée des taux d'activité (+ 800 000 actifs), soit un recul de l'âge moyen de fin d'activité de 1,2 année ; la population active passerait de 28 millions en 2007 à 28,2 millions en 2050. Elle prévoit une forte baisse (– 21 %) du ratio retraite moyenne/salaire moyen, qui passerait de 72 en 2007 à 57 % à 2050. La part des retraites dans le PIB passerait de 13 % à 15,3 %. Le déficit serait de 2,6 % de PIB en 2050. Il pourrait être comblé par les excédents des régimes de chômage (1 point de PIB) et une hausse modérée du taux de cotisations (4 points). Ce scénario montre que le système n'est pas foncièrement déséquilibré. Toutefois, il comporte une forte baisse du niveau de vie des retraités par rapport à celui des actifs ; il suppose implicitement que la politique de hausse de l'emploi des seniors sera un échec. Il n'intègre pas de futures hausses de la durée requise de cotisations (celle-ci reste à 41,5 ans après 2020).

Il faudrait être plus ambitieux en matière d'emploi des femmes et des seniors. Un scénario, plus volontariste, aboutissant à un report de 2,5 années supplémentaires de l'âge de fin d'activité, aboutirait à une population active de 29,85 millions en 2050. Ceci permettrait d'économiser 1,4 point de PIB en dépenses de retraite. Il faudrait aussi stabiliser le ratio retraite/salaire (coût : 2,1 points de PIB). Dans ces conditions, la part des retraites dans le PIB augmenterait de 2,8 points de 13 % en 2005 à 15,8 % en 2050. Compte tenu des excédents des régimes de chômage, il faudrait accepter une hausse des cotisations de 1,8 point de PIB, soit de 4,5 points de cotisations (soit 0,2 point chaque année de 2012 à 2035).

## Allonger les carrières, reculer l'âge de départ

La France souffre d'avoir l'âge de fin d'activité le plus bas de l'UE 15 (59,3 ans) et l'un des taux d'activité des 55-64 ans les plus faibles (38,2 %). Augmenter les taux d'emploi, et en particulier celui des seniors, et réduire le taux de chômage est l'axe essentiel, à moyen terme, de l'équilibre du système des retraites. Le problème à court terme est que la France a retrouvé, en 2010, un taux de chômage de l'ordre de 10 % et que la crise de l'emploi a particulièrement frappé les jeunes : ce n'est pas une situation propice à la hausse de l'emploi des seniors.

La réforme de 2003 prévoyait que la durée de cotisation requise pour obtenir une pension à taux plein augmenterait de 40 à 41 ans entre 2009 et 2012. Elle continuerait à augmenter ultérieurement en fonction de la hausse de l'espérance de vie (soit 41,5 ans en 2020, 42 ans en 2025). À cette date, les actifs qui auront commencé à travailler à 18 ans auraient pu partir à 60 ans ; ceux qui auront commencé entre 18 à 23 ans auront été incités à attendre 42 années de cotisations ; ceux qui ont commencé plus tard à attendre 65 ans. Du point de vue de l'équité, l'allongement de la durée de cotisation requise est préférable au report de l'âge minimum de la retraite : ceux qui ont commencé à travailler jeunes, dont la durée d'activité est longue et l'espérance de vie plus courte, peuvent partir avant ceux qui ont débuté leur carrière tardivement et qui ont une espérance de vie plus longue.

En 2010, sous le pression du Medef, sous le regard des marchés financiers et des agences de notation, le gouvernement a changé de stratégie pour augmenter rapidement l'âge ouvrant le droit à la retraite à taux plein de 60 à 62 ans, au rythme de 4 mois par an de 2011 à 2018, cette mesure lui semblant de nature à permettre une amélioration plus rapide des comptes des régimes de retraites et être plus lisible pour les marchés.

Le pari du gouvernement est que cette mesure augmentera l'emploi des seniors en incitant les travailleurs de plus de 55 ans à se maintenir en emploi et les entreprises à le leur permettre, en améliorant leur formation et en aménageant les carrières.

Cependant, rien ne garantit que ce pari sera gagné. À court terme, le taux de chômage des seniors, mais aussi celui des plus jeunes pourrait augmenter. Le report de l'âge de la retraite, en période de chômage de masse, risque d'augmenter l'angoisse des salariés d'être licenciés après 55 ans alors que les entreprises n'embauchent plus après cet âge. Il obligera les travailleurs non qualifiés à prolonger leur carrière dans des conditions difficiles, mais surtout à rester plus longtemps en chômage ou au RSA.

Le report de 65 à 67 ans de l'âge ouvrant le droit au taux plein n'aura pas d'impact sur l'emploi des plus de 65 ans, qui est très faible dans tous les pays développés ; il se traduira par une baisse des retraites des femmes à carrière courte, qui actuellement attendent 65 ans pour obtenir une liquidation à taux plein.

Le gouvernement suppose qu'il serait possible de réduire le taux de chômage à 5 % en 2020. Le report de 2 ans de l'âge de la retraite suppose une hausse de l'emploi de l'ordre de 5 %. Il faudrait une croissance de l'ordre de 3 % l'an en moyenne d'ici 2020 pour gagner ce pari.

Sinon, le gain, pour les régimes de retraite du report de 2 ans de l'âge de la retraite (de l'ordre de 19 milliards d'euros) sera obtenu par la baisse du nombre de retraités (qui reçoivent des prestations satisfaisantes) et la hausse du nombre de chômeurs, mal indemnisés, comme par la baisse de la pension de salariés obligés de partir avant d'avoir droit au taux plein.

Il aurait fallu faire vivre la réforme de 2003 : le passage à une durée requise de 42 ans obligeait progressivement les salariés les plus formés à partir à la retraite à 65 ans ; maintenir une possibilité de départ à 60 ans donnait une soupape de sécurité pour les salariés à carrière longue.

Allonger la durée d'activité dans des conditions socialement acceptables suppose trois préalables : le retour à la proximité du plein-emploi, un changement des pratiques des entreprises pour qu'elles acceptent d'employer des seniors, la prise en compte de la pénibilité. L'exemple des pays scandinaves montre qu'il est nécessaire que, au niveau des entreprises, le patronat et les syndicats se mettent d'accord sur une stratégie d'aménagement des carrières, des conditions de travail et de la formation. Il faut changer le travail pour changer la retraite. Chaque type de carrière doit être repensé pour permettre, soit par la formation permanente, soit par la reconversion, une poursuite de l'activité jusqu'à 60, 62 ou 65 ans. Les entreprises doivent accepter d'embaucher des salariés de plus de 55 ans. Les accords d'entreprises doivent comporter des clauses d'emploi et d'embauche des seniors. Cette mobilisation sociale demande du temps ; ne devant pas s'effectuer au détriment des plus jeunes, elle ne peut être mise en œuvre qu'en période de baisse du chômage. La réforme de 2010 ne donne pas aux syndicats des contreparties suffisantes pour qu'ils s'engagent dans cette voie.

## La question de la pénibilité

La loi de 2003 prévoyait des négociations des partenaires sociaux sur les conditions de départ à la retraite des travailleurs ayant effectué des travaux pénibles ; ces négociations n'ont pas abouti. Le patronat comme le gouvernement ont refusé de mettre sur pied un dispositif collectif permettant le départ anticipé des salariés ayant été les plus exposés à des conditions de travail pénibles : par exemple, d'accorder une baisse d'une année de l'âge requis pour dix années de travail pénible. Le dispositif annoncé sera individuel et très restrictif : le droit à une retraite à 60 ans ne serait maintenu qu'aux salariés bénéficiant déjà d'une rente pour maladie professionnelle ou accident du travail. Les différences d'espérance de vie selon la profession ou l'exposition à des facteurs de risques reconnus ne seront pas prises en compte.

## Réduire le niveau des retraites ?

Actuellement, la retraite nette moyenne représente 72 % du salaire net moyen. Mesuré par le revenu par unité de consommation, le niveau de vie médian des retraités est équivalent à celui de l'ensemble de la population ; il est de 90 % de celui des actifs occupés, de 93 % de celui des actifs (y compris chômeurs). Ce chiffre passe à 98 % si on intègre le revenu que représente le loyer du logement que l'on possède et occupe. En 2007, le taux de pauvreté des plus de 65 ans est de 10,6 % contre 13,4 % pour l'ensemble de la population. Globalement, la situation relative des retraités reste satisfaisante. Mais les réformes en cours vont entraîner une détérioration progressive de leur situation relative.

Dans les régimes complémentaires, gérés par les partenaires sociaux, le patronat refuse toute hausse des cotisations. Aussi, depuis 1996, la valeur du point (donc les pensions) augmente comme les prix, tandis que le prix d'achat du point augmente comme les salaires. Le taux de rendement affiché (le rapport entre la valeur du point et son prix d'achat) a ainsi diminué de 11,5 % en 1995 à 8,30 % en 2009 (soit une baisse de 28 %).

Depuis la réforme de 2003, les retraités ont perdu 0,7 % de pouvoir d'achat (retraites non imposables du privé), 1,2 % (retraites imposables du privé) ou 1,9 % (retraites de la fonction publique), alors que le pouvoir d'achat du salaire moyen augmentait de 7 %. Toutefois, Nicolas Sarkozy a mis en route une forte revalorisation du minimum vieillesse (+ 25 % en cinq ans, soit 15 % en pouvoir d'achat).

Jadis, les retraités ne payaient pas de cotisations maladie. Ils ont souffert de la mise en place puis de la montée en puissance de la CSG (qui est pour eux de 6,6 % contre 7,5 % pour les salaires). S'y ajoute une contribution de 1 % sur les retraites complémentaires. Faire passer leur taux de CSG à 7,5 % ne rapporterait que 1,5 milliard. Ce serait contraire à l'engagement du gouvernement de ne pas faire baisser le niveau des retraites. Ne serait-il pas juste, en contrepartie, que les retraités bénéficient de hausses de pouvoir d'achat dans les périodes fastes ?

Le gouvernement s'est engagé à garantir le niveau des retraites, mais pas leur niveau relatif. Selon la projection du COR, le ratio retraite moyenne/salaire moyen baisserait de 21 % d'ici 2050 (si le taux de rendement se stabilise dans les régimes complémentaires) ou de 25 % (si la baisse se poursuit).

La réforme de 2010 n'a pas fourni de garantie aux générations futures sur le montant de leur retraite. Il serait souhaitable d'arrêter la baisse des taux de remplacement et de fixer des niveaux cibles différenciés selon le niveau de salaire (85 % au niveau du SMIC, 75 % pour les salaires moyens).

## Des fonctionnaires avantagés ?

Les fonctionnaires continuent à bénéficier d'un taux de remplacement de 75 % de leur salaire de fin de carrière, hors prime. Le taux de remplacement net des fonctionnaires est de 83 % pour le fonctionnaire qui n'a pas de prime, de 69 % pour le fonctionnaire moyen dont la prime est de 20 % du salaire indiciaire, de 59 % pour le fonctionnaire dont la prime est de 40 % du salaire. C'est proche des taux de remplacement net du privé (85 % au niveau du SMIC, 76 % pour le non-cadre, 60 % pour le cadre), bien qu'un peu plus favorable pour les fonctionnaires de faible niveau de prime (comme les enseignants). La divergence entre le public et le privé se creusera à l'avenir si la baisse des retraites complémentaires continue. Aussi, le niveau des retraites du public est crucial pour les années à venir. S'il est préservé, il n'est pas justifiable de réduire la retraite du privé

Les fonctionnaires ne peuvent être alignés sans précaution sur le privé. Il faudrait remettre en cause la distinction salaire de base/ prime, mais aussi la non-indexation du point de la fonction publique, qui a perdu 14,4 % de pouvoir d'achat de 1985 à 2008. Calculer la retraite des fonctionnaires sur les vingt-cinq dernières années diminuerait leur niveau moyen de 10 %. Mais, si cette réforme était accompagnée d'une prise en compte des primes et d'une réindexation du point, elle se traduirait par une hausse des salaires des fonctionnaires et des retraites des fonctionnaires les mieux payés et risque de coûter plus qu'elle ne rapportera.

Le gouvernement a décidé d'aligner en dix ans le taux de cotisations retraite des fonctionnaires (7,85 %) sur celui du privé (10,55 %). Mais ce prélèvement de 0,25 % par an pourra-t-il s'ajouter aux baisses de pouvoir d'achat que les fonctionnaires subissent déjà du fait de la non-indexation du point ?

Un « Comité de pilotage des organismes de retraite » a été créé ; ce serait un lieu de concertation des gestionnaires des régimes, pour les harmoniser et les faire converger. Mais le gouvernement a refusé de lancer la réflexion sur une réforme systémique, qui aurait visé à mettre sur pied un système de retraite unique comme le demandait la CFDT, sans préciser les contours de ce régime.

## Des ressources supplémentaires ?

Le gouvernement s'est refusé à envisager toute hausse importante des prélèvements obligatoires. Pourtant, une hausse des ressources affectées à la retraite est inéluctable si on veut éviter la baisse du taux de remplacement.

La retraite, étant un salaire différé dépendant des salaires reçus durant la carrière, doit être financée par les salaires et non sur une autre assiette. Un système qui verse des prestations plus élevées aux retraités ayant eu les plus hauts salaires ne peut pas être financé par l'impôt. Ne peuvent l'être (mais c'est déjà le cas) que les avantages non contributifs comme le minimum vieillesse. Il n'est pas choquant que les revenus financiers ne payent pas de cotisations retraites, puisqu'ils n'ouvrent pas droit à retraite ; ils payent déjà 12,1 % de prélèvements sociaux, pour financer des avantages non contributifs.

Ce sont les actifs qui doivent financer les retraites et qui doivent arbitrer entre taux de cotisation, niveau des retraites et durée de la retraite. La société doit proposer aux actifs (et en particulier aux jeunes) un contrat social : un certaine hausse de taux de cotisation contre la garantie que le système perdurera et que le taux de remplacement restera suffisant.

Le gouvernement a accompagné la réforme de 2010 d'une hausse des prélèvements sur les hauts revenus (passage de 40 % à 41 % du taux d'imposition) et sur les revenus financiers (passage de 18 % à 19 % du prélèvement libératoire, suppression du crédit d'impôt sur les dividendes, etc.). Ces mesures (qui devraient rapporter 1,5 milliard) sont certes légitimes, mais n'ont *a priori* rien à voir avec le financement des retraites.

Il aurait été légitime de supprimer toutes les niches sociales. Faire payer des cotisations retraite à l'ensemble des dispositifs d'épargne entreprise, de participation, d'intéressement aurait rapporté 5 milliards d'euros et aurait limité le développement de ces dispositifs, utilisés par les grandes entreprises et leurs salariés pour réduire leurs impôts et cotisations.

Dans une situation de fort déséquilibre des finances publiques, le gouvernement a choisi une stratégie d'augmentation de l'âge requis pour le départ à la retraite, qui rompt avec le compromis de 2003 et qui risque de frapper lourdement certaines catégories de salariés. Cette stratégie suppose une forte hausse de l'emploi, donc une forte croissance qui n'est pas assurée. À court terme, la recherche de l'équilibre des finances publiques risque d'entraîner une rechute de l'économie et une nouvelle hausse du chômage. Le refus des hausses des cotisations ne permet pas de garantir le niveau futur des retraites. La réforme imposée aux syndicats ne semble pas de nature à favoriser le consensus social sur la question des retraites dont la France aurait besoin.

# Table des matières

## VI L'ajustement de l'emploi dans la crise



## VII La compétitivité de la France : mythes et réalités



## VIII Retraites, sous le regard des marchés

Collection

# R E P È R E

*créée par*
Michel Freyssenet et Olivier Pastré (en 1983),
*dirigée par*
Jean-Paul Piriou (de 1987 à 2004), *puis par* Pascal Combemale,
*avec* Stéphane Beaud, André Cartapanis, Bernard Colasse, Françoise Dreyfus, Claire Lemercier, Yannick L'Horty, Philippe Lorino, Dominique Merllié, Michel Rai[...] et Claire Zalc.

Le catalogue complet de la collection « Repères » est disponible sur notre site **http://www.collectionreperes.com**

## GRANDS REPÈRES

### Classiques
R E P È R E S

**La formation du couple.** *Textes essentiels pour la sociologie de la famille*, Michel Bozon et François Héran.

**Invitation à la sociologie**, Peter L. Berger.

**Un sociologue à l'usine.** *Textes essentiels pour la sociologie du travail*, Donald Roy.

### Dictionnaires
R E P È R E S

**Dictionnaire de gestion**, Élie Cohen.

**Dictionnaire d'analyse économique**, *microéconomie, macroéconomie, théorie des jeux, etc.*, Bernard Guerrien.

### Guides
R E P È R E S

**L'art de la thèse.** *Comment préparer et rédiger un mémoire de master, une thèse de doctorat ou tout autre travail universitaire à l'ère du Net*, Michel Beaud.

**Comment parler de la société.** *Artistes, écrivains, chercheurs et représentations sociales*, Howard S. Becker.

**Comment se fait l'histoire.** *Pratiques et enjeux*, François Cadiou, Clarisse Coulomb, Anne Lemonde et Yves Santamaria.

**La comparaison dans les sciences sociales.** *Pratiques et méthodes*, Cécile Vigour.

**Faire de la sociologie.** *Les grandes enquêtes françaises depuis 1945*, Philippe Masson.

**Les ficelles du métier.** *Comment conduire sa recherche en sciences sociales*, Howard S. Becker.

**Le goût de l'observation.** *Comprendre et pratiquer l'observation participante en sciences sociales*, Jean Peneff.

**Guide de l'enquête de terrain**, Stéphane Beaud et Florence Weber.

**Guide des méthodes de l'archéologie**, Jean-Paul Demoule, François Giligny, Anne Lehoërff et Alain Schnapp.

**Guide du stage en entreprise**, Michel Villette.

**Manuel de journalisme.** *Écrire pour le journal*, Yves Agnès.

**Voir, comprendre, analyser les images**, Laurent Gervereau.

### Manuels
R E P È R E S

**Analyse macroéconomique 1.**

**Analyse macroéconomique 2.** 17 auteurs sous la direction de Jean-Olivier Hairault.

**Consommation et modes de vie en France.** *Une approche économique et sociologique sur un demi-siècle*, Nicolas Herpin et Daniel Verger.

**Déchiffrer l'économie**, De[...] Clerc.

**L'explosion de la communication.** *Introduct[...] théories et aux pratiques de [...] communication*, Philippe B[...] et Serge Proulx.

**Les grandes questions économiques et sociales**, Pascal Combemale (dir.).

**Une histoire de la compta[...] nationale**, André Vanoli.

**Histoire de la psychologie [...] France. XIXe-XXe siècles**, J. C[...] A. Ohayon et R. Plas.

**Introduction aux sciences [...] l'information**, Jean-Miche[...] Salaün et Clément Arsena[...] (dir.).

**Macroéconomie financièr[...]** Michel Aglietta.

**La mondialisation de l'économie.** *Genèse et prob[...]* Jacques Adda.

**La notion de culture dans [...] sciences sociales**, Denys C[...]

**Nouveau manuel de scien[...] politique**, Antonin Cohen[...] Bernard Lacroix, Philippe [...] Riutort (dir.).

**La théorie économique néoclassique.** *Microécono[...] macroéconomie et théorie de[...]* Emmanuelle Bénicourt et Bernard Guerrien.

Composition Claudine Houdin (OFCE)
Achevé d'imprimer en août 2010 sur les presses de l'imprimerie Europe Media Duplication à Lassay-les-Châteaux (Mayenne)
Dépôt légal : septembre 2010
N° de dossier : 23615

*Imprimé en France*